日本の対中経済外交と稲山嘉寛

日中長期貿易取決めをめぐって

邱 麗珍◆著

北海道大学出版会

北海道大学は、学術的価値が高く、かつ、独創的な著作物の刊行を促進し、学術研究成果の社会への還元及び学術の国際交流の推進に資するため、ここに「北海道大学刊行助成」による著作物を刊行することとした。

二〇〇九年九月

日本の対中経済外交と稲山嘉寛——目　次

表目次

序　章　課題と視角

第一節　問題の所在

日中国交正常化が実現した一九七二年、日中間の貿易総額は僅か一一億ドルで、中国との貿易が日本の対外貿易に占める割合は二・一%に過ぎなかった。[1]それから三二年後の二〇〇四年、日中貿易の総額は一六八〇億ドル、日本の貿易総額に占める対中貿易の割合は一六・五%になった。対香港を含めると、日中貿易の総額は二〇五〇億ドル(合計シェア二〇・一%)となり、日米貿易総額の一八九二億ドルを上回った。[2]中国は香港を含めると、アメリカを抜いて日本の最大の貿易相手国となったのである。戦後、対中貿易が対米貿易を上回ったのは、これが初めてであった。日本の対外経済関係において、中国は極めて重要な位置を占めるようになったのである。

今日の日中関係を考察する際、両国の深化しつつある経済関係を無視することはできない。ODA(Official

Developmental Assistance：政府開発援助）政策の見直しをはじめ、日中経済関係に関する様々な議論は近年一つのブームとなっている。書店の棚には、中国市場、中国経済、対中投資、対中ＯＤＡ、日中ビジネス摩擦などをテーマにした、日中経済関係に関する数多くの出版物が並んでおり、日中経済関係に対し、日本人が強い関心を持っていることが窺える。また、東アジア共同体の議論が盛んになりつつある現在、日中経済関係の動向には東アジア全体の強い関心が向けられている。

だが、これらの議論の多くは現状分析にとどまっており、将来を展望するための充分な材料を提供しているとは言いがたい。議論を深めるためには、現在の日中経済関係がいかなる過程を経て形成されたのかについて、歴史的事実を踏まえた慎重な考察が求められているのではなかろうか。他方、現在の諸問題を踏まえて、過去の歴史を再検討することによって、戦後の日中経済関係について新たな認識が可能になる。過去と現在との交錯、こうした関心から、本書は日中国交正常化後の日本の対中経済外交について新たな解釈を提示することを試みる。

その際、本書が注目したいのは日中国交正常化後の日本の対中経済外交の主要な成果の一つである、日中長期貿易取決めである。日中長期貿易取決めは、一九七八年から一九八五年まで中国から日本に原油と石炭を、そして日本から中国に技術およびプラント並びに建設用資材・機材を、それぞれ一〇〇億ドル前後ずつ輸出し、八年間で約二〇〇億を往復させるという、長期かつ包括的な性格を持つ貿易取決めである。また、形式的には民間の貿易協定であるが、実際には日中両政府の支持を受けており、結果として、エネルギー・プラント・技術といった産業基盤について相互依存関係を築くことになった。この取決めは、両国の友好関係促進の経済的な基礎を作り、日中平和友好条約の締結を促進したと言われている[3]。一九七八年二月の調印以来、日中長期貿易取決めは六回更新され、今日までなお継続されている。この取決めが日中関係における重要な役割を果たしてきたことは言うまでもない。

本書では、この日中長期貿易取決め締結に至る過程を取り上げ、日中国交正常化後の日本の対中経済外交を考察する。中でも、取決めの推進において中心的な役割を果たした人物稲山嘉寛の名を借りて「稲山路線」という枠組みを立て、日中長期貿易取決め締結に至る経緯の分析を行う。

第二節　先行研究と本書の視角

日中長期貿易取決め（以下、取決めと略記）については、これまであまり研究がない。また先行研究の多くは、日中長期貿易取決めの締結推進を民間経済界の対中国資源外交という視点から解釈している。すなわち、そこでは稲山をはじめとする日本の財界人は、中国の原油資源を獲得するために、中国との長期貿易取決め締結に積極的に取り組んだとされているのである。

戦後日中関係の通史としてよく引用される古川万太郎の『日中戦後関係史』において、取決めに取り組む財界人の動機は次のように説明されている。

「原油、石炭が取決めの具体的な対象にのぼったのは、日本側の事情についていえば、周知のようにオイルショックで苦しい思いをした経済界の、隣国からエネルギー資源を長期にわたり、確実に確保したいという願望によるものであった。[4]」（傍線邱）

また、添谷芳秀は『日本外交と中国　一九四五―一九七二』において、本来中ソの間にあって「等距離資源外交」を推進していた経団連が「日中長期貿易取決めの推進という形で対中国貿易に携わるようになるのは、中国が『資源外交』の現実的対象として登場してきたからに他ならない」と述べ、経団連の動機を資源外交の文脈から説明している。添谷によれば、開発済みの中国原油を輸入した方が簡単で安上がりであるため、経団連はソ連のチュメニ油田開発プロジェクトよりも中国石油の輸入を選んだ。そして石油獲得のために、中国との長期取決めを推進し、中国貿易に携わるようになった。[5]

取決めについての最も代表的な先行研究は、日中経済関係史を専門とする中国人研究者、李恩民の研究である。二〇〇一年に出版された『転換期の中国・日本と台湾――一九七〇年代中日民間外交の経緯』の第五章「資源外交と中日経済関係」において、李は稲山ら民間経済人に焦点を合わせ、取決めの交渉過程を明らかにした。[6]しかし、古川、添谷と同様に、李も財界の資源外交の文脈から稲山らの行動を解釈している。李は次のように述べている。

「そもそも日本の財界首脳が諸外国と資源外交を積極的に行ったのは、主に日本の経済安全保障のためであった。石油輸入の対中近東依存度の減少、輸入源の多様化による危険分散といったことがその主眼であった。言うまでもなく、中日長期貿易プロジェックトを構想し、対中国資源外交を推進したこともその一環であった。[7]」

「時代が変わったとは言え、一九七〇年代、財界首脳の資源確保、ソース多様化、危険分散といった決断はその時代の情勢に合っていたものと言えるだろう。」[8]

すなわち、日本の経済安全保障のために行われた、資源確保を目的とする資源外交の一環として、財界首脳は長期取決めを構想し、対中国資源外交を推進した、と李は主張する。言い換えれば、取決めを推進した財界首脳の目的は、中国原油を獲得することによって、日本が中近東からの原油に依存することを少しでも緩和することにあった、とするのである。こうした対中国資源外交の視角から李は、「中国原油の輸入が日本の石油輸入源の多様化や危険分散にも一定の役割を果たした」と指摘し[9]、取決めの推進を主とする七〇年代民間の財界人の対中経済外交を「その時代の情勢にあっていたもの」と評価する。

しかし、取決めに積極的に取り組んだ稲山ら財界人の主要な目的は、本当に中国の原油獲得にあったのであろうか。取決めを北京で調印した一カ月半後、稲山は日本中国友好協会の中央本部で「日中長期貿易取決めの経過、意義」をテーマに講演を行った。その中で、稲山は次のように述べている。

「日本が石油の購入をふやせばそれだけ中国との貿易は拡大し、日本のプラント類が中国に売れる。日本の景気を浮揚するのに大きな役割をはたすことができるわけです。そこで私は、どうやったらみなさんが余計に石油を買ってくれるだろうかと、昨年の四月以来色々と努力してきたわけです。」[10]（傍線邱）

以上の稲山談話から分かるように、取決めを調印した時点において、対中経済外交を担った財界人の主要な動機は、中国石油の確保ではなく、プラントを中国に輸出することによって日本の景気を浮揚させることにあった。

また、当時の経団連会長土光敏夫は、中国の石油の受け入れに難色を示した石田正実石油連盟会長に対して、取決めの締結は石油の輸入観点からのみ判断すべき問題ではない、と主張した。土光は以下のように述べている。

「これ〔中国原油の受け入れ――邱註、以下同じ〕は単に石油業界だけの問題じゃない。日本のすぐ隣りに、中国という大きな国がある。人口もすでに九億、文化は五千年前から非常に発展した国である。この国が建設〔中国経済発展一〇カ年計画〕に向かってどんどん、今世紀末には世界最先端に並ぶという周恩来首相の方針を引き継いで、非常に意気込んでやっているわけです。大体ぼくらは、ほぼ四、五年先のことを考えてやるんだけれども、これから一〇年なり、二〇年、三〇年先の将来を考えて、日本としては中国をどう位置づけるのか――ということを考えておかなければいかんでしょうね。[11]」

土光のような日本財界の首脳にとって、取決め締結の目的は、資源問題だけではなく、発展する中国に対して日本がいかに対応していくべきか、という長期的課題に繋がっていたのである。

確かに、「資源外交」は一九七〇年代における日本の対外政策の一つの重点であった。しかし、稲山を中心に展開された対中経済外交は、必ずしもこうした文脈において行われたわけではない。

そもそも、稲山は石油資源問題に対して、それほど危機感を抱いていなかった。稲山は石油危機によって日本経済が一つの転換期に入ったとは認識していたが、「資源、エネルギーはなくなりはしない。まあ少なくとも油はまだまだある。やりようによったらいくらでもまだ掘れる。……いまはまだ深刻な問題ではない」と考えていた。それよりも「労働力が足りないという超完全雇用状態からくる労働意欲の変化というものをほんとうに見つめて、新しい時代に合った政策を重点に考えて、日本経済の将来の発展方向、ビジョンを描き直さなければいけない」と稲山は主張している。(12) このように稲山は、石油資源問題よりも、完全雇用を達成し超完全雇用に向かう日本経済への対策を重視していたのである。

また、いわゆる資源派の財界人は中国原油の供給能力に疑問を持っており、中国を資源外交の相手とみなすことに必ずしも積極的ではなかった。一九七三年九月、経団連は第一次訪中団の派遣を実現した。植村甲午郎経団連会長、芦原義重関西経済団体連合会会長、土光敏夫経団連副会長、中山素平日本興業銀行相談役、河崎邦夫東洋紡績社長、池田芳蔵三井物産社長、五島昇東京急行電鉄社長、水野惣平アラビア石油社長、河合良一小松製作所社長など訪中団の主要なメンバーは中国側といくつかの会談を行った後、上海で「日中経済交流の課題」と題する座談会を行った。その記録によると、訪中団は石油問題を中心に資源開発について中国側に打診したが、「全体として非常にゆっくりやろう」というような印象を受けた。この座談会において、訪中団のメンバーが中国石油の対日輸出増に期待している様子はそれほど窺えない。(13)

このメンバーの中には、中国と親交があった河合良一のように、中国での資源開発に積極的な意見を持つ者もいた。河合は石油を輸送するパイプを何年間かの延べ払いで輸出し、これで中国の石油増産が進めば、見返りに出た石油で逐次決済していくこともできると提案した。(14) これに対し、資源派財界人の代表である中山素平は、むしろ冷静な態度をとった。座談会において、中山は次のように発言している。

「これからおそらく中国の経済が発展していくと、今度みても自動車がどんどん増産されているから、油の需要も当然増える。日本は欲しいから油送パイプラインを敷いて、一トンでも多く廻してくれと言いたいが、そうなると言いにくいですね。……余りこっちで来年から増やせとか、パイプラインを敷いてやるからとかいう態度は、ぼくはとりたくない。[15]」

このように中山は、経済発展に伴い今後中国国内で石油需要の増加が予想されるため、中国に石油の対日輸出を無理に求めない方が良いと考えていた。こうした考えは中山だけのものではなく、水野惣平も中国石油の供給力には限界があると見ていた。水野は、中国は日本に対して「一〇〇万トンの油を出すのにいまは精一杯なんだという感じを強く出していましたがそれは本当だろうと思います」、「むしろ(中国は)油が欲しいという感じでした」と語っている[16]。

中国石油の対日輸出においてこうした認識は以前から共有されていた。一九七二年九月に出版された、外務省経済局編著の『七〇年代における資源外交』と題する報告書では、中国の石油資源について、次のように述べられている。

「〔中国は〕現在、年間二〇〇〇万トン強の生産をしていると伝えられている。中国内にはぼう大な石油資源が埋蔵されており、特に渤海湾や東支那海は中東級の有望な地質構造であると信じられている。しかし、現在の生産規模、技術水準、資金・資材力からみて、国内開発が急速に高まり、大量の輸出余力が生じるという期待を近い将来もつことはできそうにない。……現在のような極端に低い石油需給レベルが最大のネックの一つになるおそれがあり、近い将来、中国はかなりの石油輸入国になる可能性をもっている。……仮に将

来、大量の輸出余力が生じても、日本などには国際価格水準でしか輸出を行わないものと予想される。[17]」（傍線邱）

また、石油の対日輸出について中国の周恩来総理に直接意見を聞いた。一九七二年八月の中国訪問の後に、稲山は「中国産の原油の大量輸入には、当分大きな期待をもてないだろう」と感想を述べている。[18] このように、中国が資源外交の対象として期待されていたとは言いがたい。

さらに、石田正実石油連盟会長をはじめとする石油業界は、取決めに伴い増産した中国原油の受け入れに猛反対した。[19] 取決めが調印された直後に開かれた「安定と発展への跳躍——日中長期貿易取決めと原油の受け入れ」と題する座談会において、石田は中国原油の受け入れ問題について次のように述べた。

「非常に難しい問題ですね、それ〔中国からの原油輸入量の増加〕は。今出ている中国原油をどれだけ日本がいま消費出来るかという問題になると思うんです。……ミナス原油とか大慶原油とか重い原油を分解してやってきている。そうしたつくった重油もトッピングにかけたりしても、結局固いわけですね。その固い油を使うところが大体電力さんと鉄鋼さんぐらいでしてね。……一般小口の消費者にあの重い油を一々持って行くのは大変ですし、また暖めないと使えないものですから、そういうことはなかなか出来ない。[20]」

石田の談話に示されているように、当時、中国から日本に輸入されていた原油は主に大慶原油であった。大慶原油は重質油で流動点が高く、そのまま一般の小口消費者に持っていくことは困難である。そして日本で重質油を使うのは主に電力会社と鉄鋼業者であるから、需要は限られていた。一九七三年に、中国原油が日本に初めて輸入されて以降、一時的に輸入量が増加することはあったが、その後は伸び悩むことになった[21]。こうした事情から、石油業界は中国原油の受け入れに消極的だったのである。中国原油の受け入れに対する石油業界の否定的な態度は、一九七八年の取決め締結まで一貫していた[22]。

中国原油の取引量拡大には、石油業界だけではなく、その受け入れ先として考えられていた電力業界も反対した。一九七五年一二月、電気事業連合会の社長会において、中国原油の長期購入問題が取り上げられた。その際、事務局から一つの報告が提出された。この報告書には、中国側が、①中国原油と日本の鋼材とのバーター取引をしたい、②一九八〇年以降にそれに関する長期協定をできないか、③過去に日本側の財界人が約束した年間五〇〇〇万トンとか、一億トンという数量にはこだわらない[23]、との姿勢を示したのに対し、電力側としては、中期的な需要想定は無理、との判断からその申し出を断ったということが記されている[24]。取決めが締結された後の一九七八年一〇月、電力業界は政府に対して、中国原油の引き取り増に関する事実上の拒否回答を文書で提示した[25]。河本敏夫通産相の記者会見によれば、電力業界の反対の理由は「新規に石油火力発電所を建設する計画がないため、電力業界の石油需要はあまり増えず中国以外の地域から輸入している原油を中国原油に振り替えることも難しい」からであった[26]。

このように、取決めの締結に向けて、中国原油の受け入れ問題が主要な障害となった。国内の主要な受け入れ先が輸入拡大に反対したので、官民合同の「中国原油輸入懇話会」(一九七五年四月発足、稲山が会長を務めた)では中国原油の引き取り量について合意を得ることが困難であった[27]。そのため、一九七六年の中国原油輸入長期協定草案では、初年度の取引量が明示されず、また五年目の一九八一年の引き取り量は一五〇〇万トンという低い水準に設定された[28]。この案をもとに、一九七六年一月に稲山は日本側の提案として七七年に一〇〇〇万トン、八一年に一五〇〇万トンプラスアルファという引き取り量を中国側に提示した。これに対し、中国側は「数量そのものが少ないうえに、プラスアルファというあいまいなものでは生産計画が立てられない」という不満を表明し、交渉は失敗に終わった[29]。

このように、取決めの交渉過程において、日本側は中国原油の輸入拡大に消極的であった。取決めの締結によって中国原油を獲得しようとしたというよりも、むしろ取決めを締結するために、中国側の要請に応じて中国原油の輸入量を無理に増やしたと言った方が適切であろう。以上のように資源外交論だけでは、取決めをめぐる財界の対中経済外交を十分に説明できないことは明白である。

本書では、日中国交正常化後の日本の対中経済外交、特に取決めをめぐって日本が展開した外交を「稲山路線」という新しい解釈の枠組みを提示することによって説明する。「稲山路線」とは、第一に稲山個人の経歴に基づく製鉄の営業経験による独特の経済哲学および戦後日米経済交流から生まれた「対米協調」の世界観に基礎を置き、第二に業界を単位とした市場コントロールと政策影響力を政治手段とし、第三に経済人としての経済認識から一九七〇年における数量的拡張から質的向上への転換による「低成長路線」の必然を認識し、第四に財界、通産省等の官界、自民党首脳らの協調による政策決定を枠組みとし、第五に、秩序ある市場の形成によって対米貿易摩擦を解消し、協調的な日米関係を維持する路線を指す。

本書では次の二つに重点を置いて分析を行う。第一に、日中貿易拡大と日米経済摩擦との連動である。取決めと日米経済摩擦の関連について、先行研究は二義的にしか言及していない。しかし、一九六〇年代後半から一九七〇年代を通じて、日本の対外経済関係の最も重要な課題は、最大の貿易相手国であり、また安全保障上の同盟国であったアメリカとの経済関係の調整であった。特に重大な課題だったのが、日米貿易不均衡をいかにして是正し、円切り上げ・円高を回避するかであった。対米経済関係の調整という視角から取決めの推進はどのように位置づけることができるのか。稲山をはじめ日中貿易拡大に携わった経済人は、緊迫した日米経済関係に対しいかなる解決策を構想し、またそれはどのように実現されたのか。これらの問題への回答が本書の第一の課題である。

第二に、政府と民間、あるいは国家と市場の間のダイナミズムを分析する。日米経済摩擦は戦後高度成長路線の行き詰まりを明らかにし、その転換を日本経済に迫った。これに対処するには重化学工業中心、量的拡大の産業構造を変革することが必要とされた。そしてこの変革を推進するためには、業界の自主調整を促進するための官民協調体制が必要だった。このことは稲山のような業界と財界の民間経済界首脳を政治へ深く浸透させ、彼らの政治的影響力を拡大することになった。一方、日中貿易拡大には、延べ払い輸出金融をはじめとする政府による経済支援が必要であり、民間経済界の首脳は政府の関与を強く求めることになった。このように、一九七〇年代を通じて政府と民間、あるいは国家と市場は、日米経済摩擦と日中貿易拡大という二つの対外経済問題に直面し、これに対応するために緊密な連携関係にあった。両者を切り離して論じることはできないのである。

第三節　本書の構成

以下、各章の要点は、次の通りである。第一章ではまず、「稲山路線」を担った中心的な人物、稲山嘉寛の人間像を説明する。稲山の戦前戦後の体験から生まれた独特の経済哲学および対米協調という基本的立場を明らかにし、日・米・中関係における「稲山路線」の位置づけを説明する。第二章では、「稲山路線」形成の端緒となった中国・アジア貿易構造研究センターの設立経緯を探り、「稲山路線」形成の背景を明らかにする。第三章では、「稲山路線」の基盤となった日中経済協会の設立過程を追跡し、「稲山路線」の登場を要請した対外経済状況を説明する。第四章では、「稲山路線」の展開を分析する。稲山が日中経済協会会長に就任して以降、対中経済外交において「稲山路線」は実際にいかなる政策を推進してきたかを検討する。そして、その一環として成立した日中長期貿易取決めの意義を明らかにする。最後に、終章においては、一九八〇年代前半の「稲山路線」のその後の展開を簡潔に説明し、「稲山路線」を総括する。

（1）　笹本武治・嶋倉民生編『日中貿易の展開過程』(アジア経済研究所、一九七七年)六頁。
（2）　「二〇〇四年日中貿易」『日本貿易振興機構ホームページ』二〇〇八年一一月二〇日アクセス〈http://www.jetro.go.jp/world/japan/reports/05000896〉。
（3）　第六次日中長期貿易取決めは二〇〇五年一二月五日に調印され、その有効期限は二〇〇六年から二〇一〇年までの五年間とされている(日中長期貿易協議委員会「第六次日中長期貿易取決め」『日中経済協会ホームページ』二〇〇八年一一月二〇日アクセス〈http://www.jc-web.or.jp/JCObj/Cnt/第６次日中長期貿易取り決め.pdf〉)。
（4）　古川万太郎『日中戦後関係史』(原書房、一九八八年)四三七頁。
（5）　添谷芳秀『日本外交と中国　一九四五―一九七二』(慶應通信、一九九五年)二四六―二四七頁。
（6）　李恩民『転換期の中国・日本と台湾――一九七〇年代中日民間経済外交の経緯』(御茶の水書房、二〇〇一年)一二九―二一一頁。
（7）　同右、一九一頁。

（8）同右、一九三頁。
（9）同右、一九一―一九二頁。
（10）稲山嘉寛「日中貿易の展望　中国との協力で平和が実現」（『日本と中国』復刊五一八号、一九七八年四月二五日）。
（11）「座談会　安定と発展への跳躍――日中長期貿易取決めと原油の受け入れ」（『日中経済協会会報』第五九号、一九七八年五月）八―九頁。
（12）名和太郎『評伝稲山嘉寛』（国際商業出版、一九七六年）六一―六四頁。
（13）「座談会　日中経済交流の課題」（『日中経済協会会報』第五号、一九七三年一〇月）三八―四一頁。
（14）同右、三九頁。
（15）同右、三九頁。
（16）同右、三九頁。
（17）外務省経済局編『七〇年代における資源外交』（外務省経済局、一九七二年）一七七―一七八頁。
（18）稲山嘉寛「中国を訪問して」（『経団連月報』一九七二年一〇月号）三三頁。
（19）「中国原油、石油業界にお荷物」『日本経済新聞』一九七八年二月一七日。
（20）前掲「座談会　安定と発展への跳躍――日中長期貿易取決めと原油の受け入れ」八頁。
（21）日中経済協会『日中貿易、安定拡大への道すじ』（日中経済協会、一九七八年）一七頁。
（22）「長期契約石連が難色」『朝日新聞』一九七五年一〇月一六日、「中国原油石油業界にお荷物」『日本経済新聞』一九七八年二月一七日、「輸入増受けられぬ」『朝日新聞』一九七八年九月一二日。
（23）一九七二年八月の日本経済人訪中団に参加した出光計助は、将来的には日本の原油需要の半分（約一億トン）を中国に賄ってもらいたいと周恩来総理に伝えた。また、一九七四年六月に訪中した稲山嘉寛日中経済協会会長は、日本が五年後に石油五〇〇〇万トン、石炭五〇〇万トンを輸入し、日本から設備、資材を輸出する構想を中国側に打診した。詳しくは第四章を参照。
（24）「長期輸入の約束は断る」『朝日新聞』一九七五年一二月一二日。
（25）「電力業界中国原油増を拒否」『朝日新聞』一九七八年一〇月三日。

(26)「電力向け増量断念」『朝日新聞』一九七八年一〇月三日夕刊。
(27)「中国原油の輸入長期見通し困難」『朝日新聞』一九七五年八月二日。
(28)「五年後に千五百万トン」『朝日新聞』一九七六年一月一三日。
(29)「数量煮詰め再折衝」『朝日新聞』一九七六年一月二三日。

第一章　稲山嘉寛の人間像——生い立ちと哲学

本章では、稲山の口述の自伝、発言記録、著作、回想録、伝記等に基づき、「稲山路線」の中核を担った稲山嘉寛の人間像を提示する。なお、時期としては一九七〇年までを設定している。

第一節　稲山嘉寛の生い立ちと価値志向

稲山嘉寛は、一九〇三年に父稲山伝太郎の次男として東京にて生まれた。出生当時、祖父稲山久仙は銀座で稲山銀行を開いており、稲山家の家業は銀行業であった。稲山嘉寛が大学を卒業する直前まで祖父久仙は健在であり、「物の考え方」について、父と祖父両方から影響を受けたと稲山は語っている(1)。

稲山によれば、祖父久仙は徹底した倹約思想の持ち主であり、稲山は幼少期から「倹約貯蓄」を教えこまれた。

また、久仙は大倉喜八郎たちと付き合っていたこともあって、[2]イギリスやアメリカに対し多大の敬意を持っていた「欧米心酔者」であり、生活様式はかなり進歩的であった。[3]『日本経済新聞』に連載された「私の履歴書」において稲山は、「いつか一度、私が『日本もいよいよアメリカと戦争するかもしれない』と話したら、祖父は血相を変えて激高した。『そんなことをしてはいけない。アメリカと戦争するなんてひどい向こう見ずだ』祖父はそう言った」と述べている。こうした祖父を、稲山は、「日露戦争で勝った、勝ったに酔った古い人にしてはめずらしい言」だと回想している。[4]

一方、稲山は父伝太郎からは「一種のプラグマチズムを学んだ」という。稲山の記述によれば、倹約家の久仙に反して伝太郎は「下町の典型的な通人」であり、「物わかりのいい少しも腹を立てることのない人だったし、遊びはごく好きだったが、決してはでではなかった。本当の意味の遊びに徹底した人」であった。稲山は伝太郎の遊びに時々同行し、上手な遊び方を教わったと回想している。それはたとえば、「男は大いに遊べ、だが自分でかせいだ金でだということ」、「遊ぶときは一生懸命遊びなさい。十円の金を払ったら、十円分遊ばなければいけない」こと、また遊ぶ時には急ぐ必要がないので、「円タク」に乗らないことなどの教えである。[5]

稲山は銀行業の家に生まれ、普通の人よりもはるかに裕福な青少年時代を送った。しかし、稲山自身の言葉によると「落第運」が強く、学業に関しては必ずしも順調ではなかった。小学校は銀座の泰明小学校であった。小学校を卒業した後、稲山は東京府立第一中学校への入学を志望したが落第し、父の勧めで神田の錦城中学校に進学した。

中学校を修了した後、稲山は水戸高等学校への入学を志望し、入学試験を受けたが落第した。一年の予備校生活を送った後、稲山は仙台の第二高等学校理科甲類に進学した。理科甲類を選んだのは、叔父の高田貞三郎の影響を受けたものだったという。叔父貞三郎は一九〇三年に東京帝国大学を卒業、結城豊太郎、岩崎小弥太、大久保利謙、馬場鍈一、上杉慎吉、牧野英一、吉野作造、そして日本製鉄の初代社長中井励作等と同期であった。稲山は、叔父貞三郎の日記を読んだことがあると語っている。その日記には「大学を卒業すると皆勤め人になる。が、これからの世の中は政治だ。天下の為に尽くすには代議士にならねばならない。そのために金を作らねばならぬ。金を作るためには事業をやるほかない」と記されていたという。稲山は「叔父はこうした持論から株を売買したり、鉱山を手がけたりしたらしい」と述べたうえで、自分は叔父の影響で採鉱を専攻するつもりだったと回想している(6)。

仙台二高卒業後、稲山は工科ではなく、文科系に進学した。稲山は東京帝国大学法科で勉強していた兄絢太郎に影響を受け、自分も東大で法律を学ぶつもりだった。しかし、高校理科から東大の文系学科に進学できるのは無競争試験の学科に限られていた。そのため、稲山は法科ではなく、新設された無試験の商科に進学することとなった(7)。

稲山は「大学時代はよく勉強した」と回想している。一方、大学二年の時、稲山は大けがをし、右手の感覚を失った。親指と人差し指の間の肉が落ち、箸をつかうことも、筆を持つことも困難になったのである。また、この時期稲山家にも大きな変化が起こった。祖父と長姉が相次いで亡くなり、稲山銀行も関東大震災後経営不振に陥った。父伝太郎は叔父貞三郎と図って、神田の「やっちゃば」(青果市場)の焼け跡にアーケードという名で名店街を立てたが、これも長続きしなかった(8)。

以上で、大学卒業までの稲山の経歴を、主に「私の履歴書」の記述に基づき説明してきた。「私の履歴書」にはまた、稲山の自我認識や価値志向が明確に現れている。それは次の四点に整理することができる。

第一に、稲山は倹約論者であった。前述したように稲山は祖父久仙から勤倹貯蓄の教育を受けたと言う。稲山は久仙の倹約のエピソードを回想したうえで、「祖父の徹底した倹約思想は、結局は自分にとってよい教訓であった」と語っている。(9) また、稲山が余計な消費や無駄な生産を否定したことから、稲山の経済哲学は「我慢の経済学」と名づけられた。この「我慢の経済学」の原点は久仙から学んだ倹約思想にあったと考えられる。

第二に、西洋文化に対し稲山は親近感を抱いていた。稲山の回想において示されているように、祖父久仙は「欧米心酔者」であり、クリスマスには必ず一家を連れて帝国ホテルに洋食を食べに行ったという。久仙に強い影響を受けた稲山が、幼い頃から西洋文化に馴染んでいたことは容易に推測できる。また、稲山は小学校の頃数寄屋橋にある教会で英語を教わり、そこで「ナショナルリーダーの巻三」まで読み進んだという。稲山が通った錦城中学校は前身が英語学校だったこともあって、英語の授業に重点が置かれており、英語の授業が全課目の半分近くを占めていた。(10)

第三に、稲山は実利主義者であった。前述したように、稲山は通人の父伝太郎から一種のプラグマチズムを学んだと言う。また、稲山は自分の性格を次のように分析している。「人間には、過去を振り返って、憧れや郷愁を感じて楽しむ人と、つねに将来に向かって生きている人があると思う。私はどちらかというと懐古趣味にほど遠い部類に属するようだ。(11)」ここに稲山の実利主義者としての自我認識が見られる。対中経済援助を積極的に推進した稲山の行動は、中国への贖罪意識に由来するとしばしば論じられる。たとえば、中嶋嶺雄は「新日鐵の稲山嘉寛氏をはじめとする多くの財界人が親中的である原点が贖罪意識なのですね。でも、それは彼らの時代の問題です。私が終戦を迎えたのは小学校三年生のときで、その贖罪感を次の世代の対中政策や外交に持ち込むことはおかしいと考えます」と述べている。(12) しかし、稲山の実利主義向きの性格にしてみれば、こうした贖罪論は成立しがたい。

第四に、稲山は経済人というよりも、むしろ政治を志向する。前述したように、稲山は自分が仙台二高で理科甲類を選択したのは叔父貞三郎の影響を受けたからだと説明している。稲山によれば、叔父貞三郎の日記を読んで、貞三郎が株を売買したり、鉱山を手がけたりしたのは金もうけのためではなく、政治活動に必要なお金を作るためだったということを知って感激し、大学で採鉱を専攻しようと考えたのだという。ここには、稲山が持っていたある種の政治志向が窺われる。

企業や財界の政治献金を政治と経済の癒着と批判する議論に対し、稲山は企業や財界が政治に資金を提供するのは当然だと主張した。(13) 彼は経団連会長在任中には新たな政策懇談会を作り、これを経団連の寄付金集め機関にしようと考えた。(14) 稲山にとって経済活動の主要な目的は、自身の富の増加ではなく政治活動にあった。こうした稲山の政治志向は、彼と濃密な付き合いを持っていた同時代の財界人の証言にも示されている。関西経済連合会会長を務めた日向方齊は、『稲山嘉寛回想録』において「稲山さんのお考えは『協調哲学』あるいは『我慢の哲学』といわれるが、これは一面であると思う。稲山さんの根本は『国家・社会に尽くす』ということであった」と述べている。(15) また、日米繊維摩擦の時期に駐米大使を務めた下田武三も、『評伝稲山嘉寛』の作者名和太郎に対して「あの人は愛国者」と語っている。(16)

第二節　「鉄鋼人」としての稲山嘉寛と鉄のカルテル論の形成・展開

一　「鉄鋼人」としての稲山嘉寛

稲山が大学を卒業した一九二七年は金融恐慌の時期であり、彼は就職難に遭遇した。いくつか就職試験を受けた中で商工省だけ一次試験に通り、口頭試験を受ける運びになった。しかし、口頭試験後も採用通知がなかなか来なかったので、稲山は父伝太郎を通じて鈴木英雄に取り計らいを依頼した。

鈴木英雄は、叔父貞三郎と東大の同期生であり、父伝太郎とも親交があった。稲山によれば、当時鈴木は商工省水産局長をやめて小田原で水産漁業の関係に従事していた。稲山自身の推測によれば、鈴木から八幡製鉄所長官の中井励作に連絡が行き、文官高等試験合格の条件付きで商工省入りが決まった。[17] 同年一二月、稲山は文官高等試験行政科に合格し、一九二八年五月に商工省判任官として八幡製鉄所に赴任した。[18] ここから鉄鋼事業に関わる稲山の生涯が始まった。八幡製鉄所で、稲山は想像を絶する巨大な製鉄工場を初めて見て、強い印象を受けた。当時の心境について稲山は、「日本にもこんな製鉄所があるなら、も少し教科書へのせ、国民一般に誇りをもたせ、知識と関心を工業に向けさせなければいけないのにと憤慨した」と回想している。[19] ここには稲山のナショナリズムと工業中心の産業観がよく現れている。

八幡製鉄所入所後、稲山は予算決算課、購買課の機械掛を経て、販売部の東京出張所に赴任した。一九三四年に八幡製鉄所は民間鉄鋼企業と合併して日本製鉄（以下、日鉄と略記）が成立した。これにより日鉄が商工省から制度的に分離し、稲山は商工省本省に戻らず日鉄の販売課に残った。

稲山は、日中戦争期以降、下記の役職を歴任した。

一九三八年　日鉄本店第四販売課課長
一九四〇年　日本鉄鋼連合会部会理事
一九四一年　鉄鋼統制会配給部第一課長
一九四二年　同会生産部次長
一九四四年　同会普通鋼部長
一九四五年　軍需省日本熔接鋼管統制組合理事長、同省銑鉄統制組合理事長、鉄鋼統制会九州支部長

戦後、稲山は日鉄に復帰し、下記の役職を歴任した。

一九四六年　日鉄本社営業部副長
　　　　　　同年五月営業部長
一九四七年　鋼材懇話会会長、鋼材倶楽部理事長
一九五〇年　日鉄分割後、八幡製鉄常務取締役本社営業部長
一九五三年　日本鉄鋼輸出組合理事長、東京鉄鋼埠頭㈱取締役

一九五八年　日本鉄板㈱取締役
一九五九年　日新製鋼㈱取締役
一九六〇年　八幡製鉄㈱代表取締役副社長
一九六一年　㈱鉄鋼会館代表取締役社長
一九六二年　八幡製鉄㈱代表取締役社長
一九六三年　社団法人日本鉄鋼連盟理事
一九六五年　同連盟会長
一九六六年　鋼構造協会会長
一九六七年　国際鉄鋼協会執行委員
一九六九年　同協会副会長
一九七〇年　新日本製鉄㈱(以下、新日鉄と略記)代表取締役社長
一九七一年　国際鉄鋼協会会長
一九七三年　新日鉄代表取締役会長
一九八一年　同社取締役相談役名誉会長(20)

稲山の経済哲学は、こうした戦前から戦後にかけての鉄一筋の実務経歴に基づくものだと考えられる。いわば、鉄を中心とした経済学と表現すべきものである。稲山の経済哲学では、現代の世界において鉄があらゆる産業の基礎であることが強調される。「私の履歴書」の冒頭において、稲山は次のように述べている。

「鉄はあらゆる産業の基礎である。われわれはもはや鉄なくしては、一日たりともいきてゆけない。……現在、世界で生産されている全金属製品のうち、鉄はほぼ九五・五パーセントを占めているのだ。が、そんなことはまだまだ平面的な観測の一断面にすぎない。鉄は機械の主原料である。……機械は労働のかん詰めである。もともと人間の労働力はたくわえることはできない。だからこそ『時は金なり』といわれているのである。その労働が機械の姿において貯蓄できることを人間は発明した。将来の生産力の巨大なソースとして、現在の余力労働を機械設備の形にしておく。こうした魔力を持つ幸福の泉ともいうべき機械は、すべて鉄を主材料にして造られるのだ。[21]」

このように、稲山は、「労働のかん詰め」としての機械の魔力を説き、機械の主材料である鉄の重要性を強調した。現代は鉄と機械の時代であるというのが、稲山の一貫した主張であった。その信念は、その後情報エレクトロニクス産業が隆盛を迎えるようになっても変わらなかった。たとえば一九八六年に出版された稲山の口述記録『私の鉄鋼昭和史』の「あとがき」において、次のような信念が表明されている。

「人間の営みにとって絶対的に必要な衣、食、住を生産するためには、今後とも機械に頼らざるをえず、重工業時代が過去のものになると考えるのは、あまりにも早計である。今もてはやされているエレクトロニクスに代表される先端産業は、従来の重工業にとって代わるものではなく、それを補う役割をになうものである。その意味で、これからの時代は、情報産業時代というよりも、『超重工業時代』と呼ぶほうが適切ではないかと考える。産業の基本は今後とも素材産業、なかんずく〝産業のコメ〟といわれる鉄鋼業にあると思う。いくらエレクトロニクス産業が発展しても、その基礎に鉄鋼などの素材産業が成熟していなければ、それは砂上の楼閣にすぎないのではなかろうか。言い換えると、しっかりした素材産業があり、それによって作られるハードウェアに、エレクトロニクスというソフトの技術が付加されることではじめて経済の発展があると考えていいだろう。」(傍線邸)

稲山は脱工業時代や情報時代という時代風潮を俗説として退け、現代社会において産業の中心はあくまで素材産業、とりわけ鉄鋼にあると強調したのであった(22)。

このような鉄中心の産業観に基づき、稲山は自らの経済安定論を説いた。

「現代の世界はアイアン・エージと呼ばれる。もう一つの意味は鉄をコントロールすることによって、自由主義経済の景気変動の波を、より平坦なものにすることができるということである。つまり、鉄の価格をできるだけ安定した状態におくのである。そのためには鉄の需要が減少した場合、価格を動かさないで、生産量を減らすのであるし、需要が増加したときは量をふやせばいいのである。もちろんこうした仕組みは自由主義経済を土台として考えられねばならない。自分の製品の価格と生産量を決定する立場にある鉄屋が、自分たちの企業活動が、いかに経済全体に影響を持っているかを認識して、無用の競争を排除し、価格安定に努力することである。鉄の価格が安定していれば、産業界に部分的に起こる好・不況が、経済全般に波及することをくいとめることができるからである。鉄は産業の米なのだ。工業国家で成熟すればするほど、鉄の経済に占める地位は重きを増してゆく。現在の世界は『米』と『金』のほかには『鉄』を加えて、経済の安定をはかっていかなければならなくなったのである。日本経済は国際収支の壁が低いといわれる。たしかにたかくはないに違いない。……だがつねに問題になるのは、壁の高低ではなくて、輸出入の均衡、つまりバランスである。このアンバランスを解決するのに、これまできまったようにとられた処置は、金融操作一本槍であった。そのために急激な金融引き締めから生ずる不必要な経済の混乱が巻き起こり、産業界の利潤の喪失、不渡り、倒産等々、数限りない不況の爪あとを、経済界に残したのではないだろうか。こうした場合『鉄』のコントロールを通して、輸出入のバランスをはかるくふうが考えられてもいいはずである。そうすれば経済を全体に悪影響を与えずにスムーズに経済成長を押さえることもできるし、貿易改善の実を収めることができると思う。[23]」(傍線邱)

これは一九六五年四月に『日本経済新聞』に掲載された「私の履歴書」からの引用である。周知のように、日本経済は一九六四年末から一二カ月に及ぶ不況に見舞われた。六四年暮れの山一証券の実質的な経営破綻により、全国の証券会社の決算が大幅の赤字となり、深刻な証券不況が表面化した。景気は下り坂をたどり、六五年三月には特殊鋼トップメーカーの山陽特殊鋼が史上最大の負債を抱えて倒産し、新たな経済危機に入った。当時産業界では六〇年から毎年四兆円規模の設備投資が続き、設備過剰に陥っていた。各社とも供給過剰が表面化し、金利負担も増大していた[24]。一九六五年四月に稲山が以上の主張を述べた背景には、こうした経済危機が存在した。稲山は経済危機の中、マスメディアを通じて自らの鉄中心の経済安定論を唱えようとしたのである[25]。稲山は内外経済の安定を図るには、鉄をコントロールすれば良いと主張している。つまり、鉄の価格をできるだけ安定状態に置く。そのためには、需要に合わせて生産量を調整する。要するに、生産調整によって鉄鋼の価格を安定させ、これを通じて内外経済を安定させるというのである。いわば、鉄という特別な位置を占める素材のカルテルによる経済安定論であった。

この鉄のカルテル論こそ、稲山の経済活動の全体を貫く哲学であった。こうしたカルテルの経済論は「官営製鉄所に入社して間もない頃からの主張なんです」と稲山は述べている。[26]この稲山の経済哲学は、一九三〇年代初期の経済恐慌における鉄鋼の乱売合戦という体験から形成されたものであった。次項においてその経緯を説明する。

二　鉄のカルテル論の形成と展開

稲山は、商工省八幡製鉄所に入所して間もなくの一九二九年一月、東京出張所に転勤になり、販売部(営業部に相当)に配属された。そこで、鈴木武志(田中角栄首相の娘婿の田中直紀氏の叔父)第一課長に出会い、彼の指導のもとに販売の道を歩み始めた。[27]

稲山の最初の仕事は鉄鋼の半製品の契約書作り、看貫(商品の計量の監視)の立会い、品物のクレーム対応であった。しばらく経って鉄鋼販売の様子が少し分かってからは、市況調査のために問屋回りをするようになった。当時、世界大恐慌により、国内経済は深刻な不況に陥り、鉄鋼業界は激しい乱売合戦を繰り広げていた。こうした中で鉄鋼販売の世界に足を踏み入れた稲山は、生涯を貫く信念となるカルテルの経済哲学を形成していくことになる。

稲山が東京に転勤して半年後の一九二九年七月、民政党の浜口雄幸内閣が成立した。浜口内閣の大蔵大臣に就任した井上準之助は、旧平価による金解禁政策を遂行するために、引き締め政策を取った。これは、国内の物価を抑制するために、意図的に不景気を作り出す政策であった。そして一九三〇年一月、予定通り金解禁が実施された。しかし、一九二九年一〇月のニューヨーク市場の株式暴落を発端に世界大恐慌が起こっており、金解禁政策により日本経済は世界恐慌の影響を直接受けることになった。こうして、引き締め政策と世界恐慌の二重の打撃により、不景気が深刻化した。農産物と工業製品の価格が一斉に暴落し、経済恐慌が起こった。[28] 経済恐慌の中で生き延びるために、企業は利益を度外視して生産量を増やし、値下げ競争に走った。各企業は市場のシェアと一定額の現金収入維持を優先したのである。[29]

鉄鋼業界には当時、官営の八幡製鉄のほか、釜石製鉄、輪西製鉄、三菱製鉄、富士製鉄、九州製鋼、浅野造船などがあり、値下げ競争の乱売合戦を繰り広げていた。[30] これにインド産の銑鉄や欧州の鋼材の猛烈なダンピングが加わった結果、鉄鋼製品の価格は暴落し、各製鉄所の経営状態は悪化した。[31] 無論官営の八幡製鉄所も例外ではなかった。[32] 当時の状況について、稲山は「私の履歴書」に「吹きすさむ不況の風にさらされてはきのうの王者もきょうは乞食、追いかけられる借銭の催促に、銀行を駈けずり回るくらいの知恵しか出ない」と記している。[33]

この問題の解決策を提案したのが、一九二九年から三〇年にかけてヨーロッパの製鉄業を視察して帰国した鈴木武志販売部第一課長であった。それはドイツの鋼鉄連合会に倣って、共同販売組合を設立し、鉄鋼製品の価格を安定させるというものであった。この案を持ち出した鈴木の様子を、稲山は「その時の彼はあたかも天下の一大事を知って、中国に毛利と和を整え、[34] 急遽京都に軍をかえして、明智光秀と対決する決意をした羽柴秀吉を髣《ほう》髴《ふつ》させるものがあった」と述べている。当時、稲山は鈴木から送られてきた現地報告を整理して、製鉄所の『旬報』に掲載する仕事を担当していた。こうした作業を通じて、稲山はドイツ鉄鋼連合会の組織と国際カルテルの存在を知って強い印象を受け、「日本も早く、そういう連合会を作らなければ」と考えたという。[35]

鈴木の呼びかけで、小型山形鋼の共同販売を皮切りに、一九二九—三一年にかけて八幡を中心に各製品の共同販売の組合が続々と設立された。そして、稲山は「一軍の将」としてこれらの共同販売組合の結成に携わったのであった。[36]

稲山の説明によれば、これらの共同販売組合が目的としたのは、数量協定と価格協定の二つであった。「組合で今月の数量は何トン売り出す、需要は何トンあるだろう、外国から何トンしか入ってこない、だとしたら、このくらい売れれば需給バランスがとれるだろうと、需給バランスを考えながら、供給をコントロールしていった。と同時に、それは製品が売れる価格でなければならないから、まず問屋の買う価格を発表する。供給する品種のシェアも一応決まっている」[37]。すなわち、生産者の協調により需要に合わせて生産調整が行われる仕組みであった。これによって、シェアを獲得するための値下げ競争を防ぎ、鉄鋼価格の安定を保とうとしたのである。

稲山にとって特に印象に残ったのは、一九三一年二月に設立された日本厚板共販組合である。厚板共販組合の設立交渉に、稲山は八幡製鉄の代表として関わった。「共販組合を作った当時、厚板が一トン五〇円で売れたといって、みんなでお祭り騒ぎをした」と稲山は回想している。[38]

このように、一九二九—三一年の共同販売の組合作りを通じて、稲山は鉄鋼業界において頭角を現した。稲山はその後、一九三七年の日本鋼材販売連合会の設立を主導する。一九三一年の満州事変の後、鉄鋼の市況は高騰したため、アウトサイダーの市場参入が続出し、共販組織は統制力を次第に失った。鉄鋼価格を何とかして押さえたい商工省の意を受けて、渋沢正雄日鉄販売常務の指揮のもとに新たな日本鋼材販売連合会が組織された。稲山の回想によれば、同連合会の設立は、稲山が日本鋼管常務だった渡辺政人に話を持ちかけたものであり、事実上両者の合作だった。その後、日本鋼材販売会社（一般鋼材類の取り扱い）と第二鋼材販売会社（薄板類やブリキの取り扱い）が設立された。稲山は、日本鋼材販売連合会と第二鋼材販売会社の設立において、自分は初めて主役を演じさせてもらった、自分にとっては「生涯忘れられない思い出」だと記している[39]。同連合会の活動はその後、販売だけではなく生産と原料の面にも拡大し、「日本鋼材連合会」に名称が変更された。さらに一九四〇年には特殊鋼などを含めた「鉄鋼連合会」に発展し、一九四一年四月にはさらに改組されて、「鉄鋼統制会」が誕生した。これに伴い、同年五月に稲山は鉄鋼統制会に異動した。

以上に述べてきたように、稲山は一九二〇年代末の経済恐慌において、価格競争の弊害を強く認識し、ドイツのカルテル論に共感した。また、共同販売組合や日本鋼材販売連合会の結成に実際に携わった。

戦後になってもカルテルに対する稲山の強い主張は一貫していた。戦前の日本と異なり、戦後の日本では市場の自由競争を守るため、「経済の憲法」と呼ばれる独占禁止法（以下、独禁法と略記）がアメリカから移植された。これに抵抗するため、稲山はしばしばカルテル論を展開し、独禁法の改正を唱えた。

たとえば、一九五七―五八年の景気後退期において、稲山は低落した鉄鋼の販売価格を安定させるため、企業者間の自由なる共同行為、つまり自主的カルテルを認めるべきだと主張した。一九五七年一〇月七日には「『独禁法の改正』に思う」と題する文章を『東京新聞』に寄稿し、独禁法の改正を世論に訴えた[40]。一九五七年一二月一三日に行われた第六回独禁法審議会会議に稲山は参考人として出席し、「業者が多数存する競争事業にあってはカルテルを原則として自由に認めるべきである。カルテルの形としては、何か組合のような形が考えられ、この組織の結成については許可制でもよいが、それに基づく活動は一々干渉することなし、ただ消費者並びに公衆

に影響を及ぼす行為のみ届出をさせそれを取締れば足りる」と意見を述べた。(41)

一九五八年の不況の最中において、企業の過当競争を避けるため、経済同友会は設備投資の自主調整の提言を行った。これに対して稲山は、「設備の自主調整」と題する文章を『日本経済新聞』に寄稿し、自分は業界の自主調整論には大いに賛成するが、調整は設備投資ではなく、生産と価格の面において行うべきだと述べ、自主カルテル論を展開した。(42)

また一九六三年には、IMF(International Monetary Fund: 国際通貨基金)八条国への移行、国際的な関税一括引き下げ、OECD(Organization for Economic Cooperation and Development: 経済協力開発機構)加盟の実現を控えて、国際競争力の強化や輸出秩序の確立が緊急の課題となり、経団連を中心とする民間経済界から独禁法改正を要請する声が挙がった。稲山はこの問題をめぐる座談会にしばしば参加し、独禁法改正の必要性を繰り返し論じた。たとえば、一九六三年三月一八日に日本工業倶楽部で開かれた「新局面を迎える日本経済と独禁法」と題する座談会では、通産省が作成した特定産業振興法案が議論の焦点となった。稲山はこの場で貿易自由化に対応する新しい産業秩序のあり方について次のように語っている。

「私は新しい産業秩序とは、新しい産業人の協調、つまりカルテルによってうまれるのだと考えているのです。カルテルというと、すぐ独占資本が勝手なことをするためのものだという人があるが、カルテルといっても、いまは昔とは違って、単に生産者だけを擁護するというような考えで運用されるのではなく、現在の企業家はみな、企業のもつ社会責任というものを十分自覚している。それに商売というものは、なんといっても薄利多売が原則で、高くすれば売れなくなる。ことに自由化後は外国品と年中競争しているわけで、外国品より高くすれば売れなくなるし、また国内でも、この商品はもうかるということになればアウトサイダーが出てくるし、いつも競争にさらされているわけで、勝手なことなど、できるものではありません。……つまり、いまのカルテルは競争企業が協調して手を握ったものであって、それは市場を独占する企業とはまったく違うのです。……さらに、もう一つ、カルテルを考える場合に、見落としてはいけないことは、それによって価格が安定し、市場から思惑をなくして、なだらかな生産ができるようになるということだと思うのです。）……基礎物資である鉄の価格が大きく変動したりすれば、どうしても思惑を誘発し、あらゆる生産品の価格が大きく変動することになる。ですから、私は、少なくとも鉄の価格は安定させてゆくべきだという考えを堅くもっているのである。[43]」（傍線邸）

このように、稲山は鉄の価格安定を最大の関心とし、カルテル論を説きつづけた。

この時期に入ると、稲山はこれからの世界経済は大きな景気変動や周期的な景気循環なしに発展していくのではないかと述べるようになる。すなわち、キューバ危機回避に示されたように、世界中の人はもう世界戦争にはならないという自信を持つようになった。したがって「世界大戦になるぞ」というようなことで心理的に商品の値段が暴騰し、これによって景気が急激に良くなることはもはや期待できない。これに加えて、船の大型化により、昔のように船舶不足で鋼鉄が一時期に暴騰することも考えられなくなった。だから、鉄鋼の価格を回復させるには、お互いに競争をやめて安定した値段で売るようにするしかない。稲山はこのように述べ、カルテルの必要性を主張した。[44]

本書の文脈において特に注意を要するのは、稲山が輸出秩序の問題を論じる際にも、カルテルの必要性を強調していることである。すなわち、稲山によれば、輸出の過当競争は国内市場におけるメーカーの過当競争に由来する。輸出秩序を確立するには、業界の話し合いを通じて製品の価格を安定させるしかない[45]。

以上に述べてきたように、戦後稲山はカルテル結成による鉄鋼の価格安定を主張し、独禁法の改正を強く訴えた。稲山はまた鉄鋼業界の協調体制作りにおいても、リーダーとしての役割を担ったのである。

一九四七年五月、稲山は鋼材懇話会の委員長に就任した[46]。これは「鉄鋼価格を安定させ、鉄鋼業全体を健全に育て、発展させるために、業界が話し合う場が必要だ」という考えからだった。同年一二月に懇話会が財政難に直面すると、稲山は懇話会を発展的に解消し、鋼材倶楽部を成立させた[47]。また一九五三年四月には、日本鉄鋼輸出組合の理事長に就任した。同組合設立の際に稲山は通産省を説得し、同組合に商社とメーカーがともに参加できるようにすることに成功した[48]。さらに一九五八年六月には戦前の鉄鋼の共同販売組織を復活させるべく、鋼材の公開販売協議会の設立に乗り出し、通産省の行政指導のもとでこれを実現した[49]。一九六五年の住友金属事件では、永野重雄富士製鉄社長が住友金属の鉄鋼連盟からの除名を唱えたのに対し、稲山はこれに反対し、住友金属を含めた業界全体の話し合いを通じて問題の解決を図った[50]。同年、稲山は日本鉄鋼連盟の会長に就任し、八幡製鉄と富士製鉄の合併を模索し始めた[51]。稲山が八幡製鉄の副社長、さらに社長に就任して以降、八幡製鉄の業界シェアは四〇%から三〇%へと減っており、この事実は稲山が自社のシェア拡大よりも業界協調を重視していたことを裏付けている[52]。

第三節　日米・日中関係における稲山嘉寛の基本的な立場

稲山は一九七二年に日中経済協会の初代会長に就任し、一九七八年の日中長期貿易取決めの締結において中心的な役割を果たした。稲山は、『評伝稲山嘉寛』の言葉を借りれば「日中貿易正常化の生みの親」だったのであり、そのため、一般の人々から「親中派」というイメージで見られる傾向が強い。このイメージをさらに拡大させ、日中長期貿易取決めを推進した、稲山をはじめとする財界首脳の政治的な戦略は、日米安保だけを頼りにせず、長期的な視野に立って日中関係を日米関係に劣らぬ強固なものにし、日本の安全を永遠に保障することにあったと分析する研究もある[53]。

しかし、稲山は、どのような意味から「親中派」と言えるのであろうか。ここでは、「親中派」をどう定義するかが問題となる。高碕達之助、岡崎嘉平太らの財界人はしばしば「親中派」と呼ばれる。高碕らは、戦前戦後を通じ一貫して中国に親しみを抱き、また経済活動の場としてどこよりも中国を優先してきた。稲山も彼らと同様の意味で「親中派」と呼ぶことができるのであろうか。また、稲山は、対米関係よりも対中関係を優先したことがあるのであろうか。あるいは、日米関係の文脈から離れて対中関係を考えたことがあるのであろうか。

そこで本節では、日米関係や日中関係をめぐる一九七〇年以前の稲山の活動を整理することによって稲山の対外認識を分析し、これまで広く流布してきた「親中派」の稲山像を再検討することとする。

結論を先取りして言えば、稲山は、戦後一貫して対米関係を優先して行動していた。その点から言えば、稲山は何より「親米派」であったのである。対中貿易正常化の活動は日米関係の協調という基本的な枠組みのうえに位置づけられていたのであり、対中関係が対米関係に優先したり、取って代わったりするとは考えていなかった。稲山の「親中派」的行動を見る際にも、稲山が対外政策の基礎に日米関係を置いていたことを見逃すことはできない。これが本書の基本的な認識となるものである。

一　一九五八年二月の稲山訪中

稲山が「親中派」というイメージで見られる原点となった出来事は、言うまでもなく、一九五八年二月の訪中である。そこで、まずその経緯を見てみよう。

稲山が率いた日本の鉄鋼代表団は、この訪中の成果として、中国側と五年間往復一億ポンドのバーター貿易協定を結んだ。しかしながら、この協定は、同年五月に起きた長崎国旗事件の影響で中断された。ただし二〇年後の一九七八年二月の日中長期貿易取決めの締結に際して、この協定は同取決めの前身としての意味づけを与えられることになる。(54)

この五八年の訪中は、日中両国の関係者に「稲山あり」を強く印象づけた。そして七〇年代に稲山が対中経済外交の主役に押し上げられていく重要な背景になった。一九七一年四月に関西財界を代表する住友グループ首脳と、木川田一隆をはじめとする経済同友会の首脳が、中国の卓球代表団団長で中日友好協会副秘書長の王暁雲と会談するまで、日本財界の主流と目される経済人のなかで、中国と直接的に交渉する経験を持ったことがあるのは稲山ただ一人であった。

一九五八年二月一二日に出発した稲山を団長とする鉄鋼使節団[55]は、中国にほぼ二週間滞在し、二月二六日に中国側と鉄鋼貿易協定を結んだ。当時、不況を背景に日本国内ではそれまで中断していた第四次民間貿易協定の交渉再開への期待が高まりつつあった。こうした状況において、鉄鋼使節団の動きは中断された民間貿易協定の交渉打開の糸口として注目された。

鉄鋼使節団が出発する時点で、岸内閣は第四次貿易協定の交渉再開をほぼ決定していた。二六日に鉄鋼使節団が中国側と鉄鋼貿易協定を結んだ直後、池田正之輔を首席とする民間貿易協定の訪中団は中国側と交渉を再開した。そして三月五日に第四次貿易協定が調印された[56]。

日中経済協会の『日中覚書一一年』と題する報告書は、「日本の鉄鋼業が果たしたこの新しい画期的な積み上げの成果は、日中貿易の正常な発展に大勢を方向づけ、拍車をかける牽引車となり、第四次民間貿易協定の交渉は、鉄鋼協定調印の翌二月二七日から始まって、三月五日に妥結した」として、鉄鋼の長期貿易協定は第四次民間貿易協定を結ばせる契機となった、と述べている[57]。

このことから明らかなように、稲山は、岸内閣の民間貿易協定打開という方針を前提としたうえで、それを先導する「牽引車」として訪中したのであった。名和太郎はこの点に注目し、『評伝稲山嘉寛』において「稲山は、まさに日中貿易正常化の生みの親ともいえる」と評している[58]。

鉄鋼貿易協定の公式名称は「日本鉄鋼貿易代表団・中国鉱産公司・中国五金進口公司　長期求償貿易協定書」である。協定書では五年間両国一億英ポンドの輸出金額で鋼材と鉄鉱石・石炭のバーター貿易を規定していた(第一条、第二条)。そして毎年の輸出入の取引額の均衡が保障されている(第六条)。また、その有効期間は一九六二年一二月三一日までとされているが、双方の同意を得てその期限を延長することができる(第八条)[59]。

『朝日新聞』は協定の成立によって日中貿易拡大の機運が高まると報じ、この協定が特に重視される理由として次の四点を挙げた。すなわち、①甲類商品のなかでも特に重要な鉄鋼と鉄鋼原料とのバーター貿易が実現したことで、日中貿易の宿願だった重要商品による貿易構造の結びつきができたことになる、②しかも五年の長期契約は今までの塩、肥料、マグネシアクリンカーなどの長期契約が一年間契約だったのに比べて画期的な進歩であり、これによって一九五八年から始まった中国の第二次五カ年計画と密着した貿易をすることができる、③鉄鋼業界がまずこの宿願を達成したことは、国内におけるこの業界の比重からみて他の業界に与える影響も大きい、④契約によると第五年目の鉄鋼貿易は片道で二七〇〇万ポンドとなっているが、これが呼び水となって日中貿易全体の規模も飛躍的に大きくなる(60)。

一方、左派勢力はこの鉄鋼協定の調印に別の政治的意味づけを与えていた。社会党や共産党を中心とする左派の日中貿易推進勢力は、中国の長期経済建設と連結する経済交流や重要商品による貿易構造の結びつきを強く望んでいた。①に述べられているように、重要商品による貿易構造の結びつきは、彼らが目指す日中貿易の宿願でもあったのである。革新政党は、日中間の長期的経済交流と貿易構造の結びつきによって日本経済の完全自立、すなわち過度の対米依存からの脱却が実現できると主張していた。一九五九年二月一六日に社会党の中央執行委員会が提出した「日中両国の経済協について(案)」には、こうした社会党の基本的な立場と主張が明白に書かれている。

「日本経済の完全自立―過度の対米依存からの脱却―に資し、あわせて中国の第二次五カ年計画の超過完成に寄与し、平等互恵の立場にたって、長期的計画に基ずく経済交流が行われるべきである。それには、両国の友好関係の増進、両国間によこたわる一切の通商制限の撤廃が前提となるであろう。その上で、鉄鉱石、粘結炭、塩、大豆、綿花、食糧等、日本がアメリカに依存している主要な物資について、輸入先を中国市場に転換し、これと見合つて日本から中国に対し、鋼材、船舶、機械類、化学肥料、化学製品等を主とする建設用物資を輸出することがのぞましい。両国間の貿易の飛躍的発展は、日本の中小企業の生産する軽工業製品ならびに一部農・水産物の輸出増大を必然的にともなう。中国の長期建設計画にかなつた経済協力は、また日本の長期経済計画の重要な一環である。[61]」(傍線邱)

稲山に訪中を早くから働きかけたのは、日中貿易促進会専務理事の鈴木一雄であった。[62] 日中貿易促進会(設立当時は「中日貿易促進会」と呼称)は、一九四九年五月四日に財閥解体で崩壊した各地域の商社が中心となって設立された。また黄廷富ら華僑総会の幹部と日本の関係貿易業者ら十数人も同会に参加していた。同会は「中日親善協会」(後の日中友好協会)と密接に関連しており、全体として革新色の強い組織であった。[63] 一九四九年四月二〇日、「中日親善協会」の幹事会は、日本経済自立のための大方針として日中貿易運動を展開することを決定した。この決定に従い、五月四日に「中日貿易促進懇談会」が開催された。同懇談会の議長を務めたのは平野義太郎であり、呉山貿易社長・内山書店の内山完造や、日本共産党の野坂参三らが出席していた。その席上で「中日貿易促進会」の設立が可決された。[64] このように、そもそも日中貿易促進会の設立は「中日親善協会」の活動の一環だったのである。日中友好協会が正式に結成された直後の一九五〇年一〇月に、同会は業者組織として改組した。

稲山に訪中を働きかけた鈴木は、財閥解体まで三菱商事の社員だった。鈴木は日中貿易促進会が設立された当初から同会で中心的役割を果たしてきた。鈴木の説明によれば、彼が日中貿易促進運動に身を投じたのは、「日本経済の発展は、やっぱり日本が独自の立場で中国との関係を改善しながら、経済の交流をはかるということが基本になってくる」という信念からである。「これにはどうしてもアメリカの抵抗をはずさなくてはならん」と鈴木は主張した。[65]ここで注意したいのは、鈴木は日本の独自の立場、すなわちアメリカから距離を置いた対中関係改善を主張している点である。

稲山は、これらの革新勢力や鈴木らと同様の認識と立場から訪中したのであろうか。言い換えれば、稲山も彼らと同様に、日本の経済的自立、あるいは対米依存からの脱却の観点から鉄鋼の長期貿易協定を締結したのであろうか。また、日本が独自の立場で、すなわちアメリカから独立して、対中経済交流を進めるべきだ、という鈴木のような信念を稲山も持っていたのであろうか。

確かに、稲山も対中鉄鋼貿易を拡大し、これを通じて日中貿易を軌道に乗せることを望んでいた。[66]その一点では、稲山は革新政党や鈴木と一致していた。しかし、訪中をめぐる稲山の基本的な立場は、日中経済の構造的結びつきや対米依存からの脱却といった社会党や共産党が主張する目的と必ずしも一致していたわけではない。『私の鉄鋼昭和史』において、稲山はこの五八年訪中の経緯を詳しく説明している。稲山によれば、彼の中国行きが実現したのは鈴木が彼に熱心に勧めたからであり、最初の頃彼は行く気がなかった。しかし、アイゼンハワー大統領が「原子爆弾の発明によって、もはや戦争はできない。平和を築くのである」という「平和声明」を出した後、稲山は次第に中国に行ってみる気になった。そして、その大きなきっかけになったのが、訪中前年の一九五七年の訪米であった。この訪米中稲山は、アメリカ政府にスクラップの対日輸出と鉄鋼の第二次合理化計画への資金援助を懇願した。帰国後、金融引き締めなど緊縮政策の影響で国内には不況が訪れた。不況の打開という大きな課題に、輸出の伸長と鉄鋼の販売価格の安定によって対応しようとした稲山は、その一環として、懸案だった中国訪問に踏み切ったのである。[67]

米中対立のなかで、稲山は、仮に自分が中国へ行けば、今後、アメリカに行けなくなるかもしれないし、下手をすると鉄鋼の対米輸出に支障が出るかもしれないと心配した。稲山はアメリカ大使館にチボドー参事官を訪ね、中国行きを打診した。チボドーは最初は稲山の訪中に否定的だったが、稲山はアイゼンハワー大統領の平和声明を記載した新聞の切り抜きを持ち出して、自分の中国行きもその一環だと主張した。数日後、大使館から連絡があり、同業者が同行することを前提に中国に行っても構わないと伝えられた。[68]

以上、稲山が語った訪中の経過を見ると、一九五八年の稲山訪中の主な目的は、国内不況の打開にあった。前節で述べたように、「鉄鋼人」としての稲山の考えでは、不況の打開には、まず鉄鋼価格の安定が必要になる。対中交渉の過程において、稲山は価格を重視し、儲からなければ無理して協定を結ばなくても良いとの態度を中国側に示した。[69]稲山訪中の目的は、正確に言えば日中貿易の拡大そのものではなく、その先にあった。すなわち、対中鉄鋼貿易の展開を通じて、鉄鋼の価格を安定させ、国内不況を打開しようとしたのである。

また、訪中の前にアメリカ大使館に打診を行ったことも重要である。稲山が対中関係より対米関係を優先していたことはこの点から明らかである。回想の中で稲山は、「どういう結論になるか、やや諦めていたところ、一〇日くらいたってから、大使館から呼び出しがきた。行ってみると……思いかけず許可してくれた」と述べている。[70]この記述からアメリカ大使館の許可を得られなかったら、稲山は訪中をあきらめるつもりだったことが窺える。アメリカへの配慮を稲山は優先したのであった。

以上に述べてきたように、一九五八年の訪中に至る経緯を見ると、稲山はあくまで対米関係への配慮を優先していた。日中貿易促進会の働きかけによって訪中したからといっても、稲山が同会の幹部たちと同様に対中交流への思い入れと親中国感情を持っていたわけではなかったのである。

二　LT貿易設立における稲山の立場

稲山が日中貿易拡大よりも対米関係を重視していたことを示す一つの例は、一九六二年のLT貿易[71]設立過程における彼の対応である。中国側や訪中団団長の高碕達之助は、LT貿易交渉の訪中団に、鉄鋼業界の代表、中でも一九五八年の訪中経験を持つ稲山が参加することを望んでいたが、稲山はアメリカへの配慮から高碕訪中団には加わらなかった。

中国側は鉄鋼業界の代表がLT貿易交渉に参加することを強く望んでおり、高碕を通じてその意向が日本側に伝えられた。対日輸出品において鉄鋼原料関係が大きな比重を占めていたのが原因だと思われた[72]。そのため、高碕訪中団に鉄鋼業界が代表を派遣するかどうか、その動向が注目された。とりわけ、一九五八年の訪中経験があった稲山が訪中団に加わるかどうかが問題の焦点となった。

稲山は最初から訪中の可能性を否定していたわけではなかった。松村謙三と高碕の訪中を控えた一九六二年九月七日、通産省の仲介で、鉄鋼、機械、肥料の業界首脳が集まり、松村と高碕から中国訪問について説明が行われた。これがLT貿易交渉に関する業界の最初の会合であった。五月に八幡製鉄の社長に就任したばかりの稲山も、この会合に参加していた[73]。また、松村訪中の前日の九月一一日、稲山は記者団に対して、「松村氏の訪中結果をみて、具体的な成果がつかめる見通しがはっきりすれば、具体的商談のため高碕氏に同行する用意がある」

と語り、訪中の可能性を示唆した。[74]

そもそも、稲山と高碕は戦前から懇意な間柄にあった。稲山によれば、高碕との縁は一九三四年頃、稲山がブリキ共同販売組合の理事長をしていたときに、高碕に理事就任を依頼したことがきっかけである。以来、二人は親交を深めた。稲山が終戦処理の任務を終え、本部営業部次長として日鉄に復帰する直前の一九四五年一二月、軍需工業を中心とする重工業施設の過半を賠償として撤去することを勧告する「ポーレー中間報告」が発表された。そのため、稲山が日鉄に復帰した時、日鉄は賠償問題への対応に苦慮していた。こうした中、満州から帰ってきた高碕の言葉を聞き、稲山はアメリカが日本から賠償を取ることはないと確信した。すなわち、高碕はアメリカの司令官から「一〇年でこれだけの満州を建設できるのは、日本をおいてほかにない」と言われた、というのである。稲山はこの話を聞き、「アメリカの占領政策はかわったな」と直感した。それに稲山は高碕の「絶対に賠償指定はありえない」という言葉を信じていた。[75]

このように、稲山と高碕は古くから親しい仲であった。五八年の訪中の際、日中貿易促進会を通じて訪中の誘いが来たにもかかわらず、稲山は日中貿易促進会の紹介状ではなく、高碕の紹介状を持って訪中した。[76]中国首脳が高碕を強く信頼していることを稲山は認識していたのである。このような両者の個人的な付き合いからしても、稲山が高碕に同行してＬＴ貿易交渉の訪中団に加わる可能性は高かったと考えられる。

しかし、松村謙三が訪中を終えて帰国した翌日の九月二六日、アメリカのハリマン国務次官補が、日中貿易拡大の動きが中国により政治目的に利用されることに対する懸念を表明した。これ以降、訪中に対する稲山の態度は微妙に変化した。二七日には、「わたし自身が行った方がいいか、代わりにだれが行ってもらった方がいいかはまだ決めていない」と述べ、訪中について、慎重な態度を示した。[77]

一〇月一五日、鉄鋼業界は東京会館で「日本鉄鋼運営委員会」を開き、高碕訪中について協議したが、結論は見送られた。その際稲山は、①前回の訪中から行動を慎重にしたい、②原料炭を大量に買い付けることが難しい、③政府の態度がはっきりしない、という三つの理由を挙げて説明を行った。[78] 一七日、ライシャワー駐日アメリカ大使は「政経不可分を原則としている共産圏、特に中共との貿易に過度に依存することは危険だ」という見解を明らかにした。[79] 同日、稲山は永野重雄と一緒に高碕に面会し、中共の製鉄原料を引き取ることは当面問題があると伝えた。[80] そして一〇月一八日に八幡、富士、日本鋼管、川崎大手四社は社長会議を開き、尼崎製鉄原料部長の米沢治を鉄鋼業界の代表として高碕訪中団に派遣することを最終的に決定した。[81] 結局、稲山の訪中は実現には至らなかった。

訪中の可能性を最初に示唆した際、稲山は二つの条件を提示していた。すなわち、第一に、政府が延べ払い輸出を認めること、第二に、アメリカの了解を取り付けることである。日本政府は延べ払い輸出を一応認めていたので、稲山の訪中を断念させた主要な原因は、日中貿易の拡大をアメリカが強く懸念したことにあったと思われる。[82]

LT貿易協定が調印された直後の一九六二年一一月一九―二一日に、稲山はワシントンで開催された第二回日米財界人会議に参加した。会議の席上、稲山は中共との貿易問題に対する日本代表団の立場を説明した。稲山の説明はアメリカ側に非常な感銘を与えたとされる。帰国後の経団連の座談会において、代表団団長の佐藤喜一郎三井銀行会長は稲山にその概略を説明するよう求めた。これに対して、稲山は、対中共貿易や共産圏貿易について日米の認識が非常に異なっているため、この認識の相違が危険な問題を孕んでいると答えた。そして財界人会議の席上アメリカの経済人に対して、日本国内の日中貿易拡大の動きをアメリカが無理に押さえつけるとかえって反米運動を引き起こす可能性があると指摘したこと、そのうえで、「手違いがあるといけないから、両国政府の間でよく話し合って、どの程度ならいいとか、誤解のないようにし、その認識を統一してご処置」するよう主張したと語った。(83)また、アメリカの経済人を安心させるために、日中貿易の限界を次のように指摘したとも述べた。

「実際問題としては、たとえば、われわれ鉄鋼業者は、鉄鉱石や石炭をどこからか持ってこなければならないわけだが、それらの買い入れ先は、昔とはまったく一変してしまっていて、中共の資源はわれわれにはもうあまり魅力がない、というのが実情である。その点を日本の国民はまだよく知らないが、われわれ鉄鋼業者はよく知っているし、それを買う限度というものは、非常に限られた、むしろ政策的に買う程度にとどまるのだから、中共貿易の拡大といっても、たいしたことはあり得ないと思う。したがって、その限度はせいぜい六千万ドル程度のもので、日本の貿易総額の二%程度、きわめて比重の小さい問題に過ぎない。また、政府は延べ払いをしようといっているが、その程度は年間二千万ドルか三千万ドルのようだから、三年間でたった一億ドルにもならない。その程度のものを不用意におさえて、もし反米運動を誘発でもするようなことになったのでは、両国のために非常に損だと思うので、実はわれわれはその点を心配しているのだ。(84)」(傍線邱)

稲山は最後に次のように述べた。

「しかし、この問題はこれからが問題で、ここでは了解してくれたといっても、相手では一民間団体にすぎませんし、それで安心できる問題ではないと思っているのです。それにいまダンピングでいろいろ問題を起こしているし、延べ払いにしても、アメリカへ鉄を売った代金を中共へ貸したのだ、そんな鉄はボイコットしろ、ということまで問題を発展させられると、大変なことになりますので、これはよほど慎重にやらなければいけないと思っております。(85)」

稲山はこの問題がアメリカ国内における鉄のボイコットにまで発展することを強く警戒し、対中貿易の延べ払い問題に慎重に対処すべきだと主張したのである。このように、対米関係、特に鉄鋼の対米輸出に支障が出ることに対する懸念から、稲山は高碕訪中団への参加を控えた。それだけでなく、対中貿易の延べ払い問題にさえ慎重な態度を取るようになった。ここでも稲山は、日中貿易の拡大よりも対米関係を重視していたことがわかる。LT貿易交渉におけるこのような稲山の対応に松村謙三は失望し、周囲に「やっぱり、稲山もダメだなあー」と漏らしたとされる。松村と親しい関係にあった自民党政治家の田川誠一は、松村は「多分、経済のワクにはまり過ぎていたという」意味で稲山がダメだと言ったのだと説明している。(86)

三　戦後の日米経済交流と稲山

前二項で明らかにしたように、稲山は対米関係を重視し、日米関係の協調という枠組みのもとで対中貿易の拡大を見ていた。その背景として、戦後の日米経済交流において稲山が重要な役割を果たしてきた事実を見逃すこ

表1-1　稲山の訪米記録1957-1968年

日　時	内　容
1957年　2月	屑鉄輸入交渉
1960年　9月	鉄鋼市況調査
1961年　8月	化学部門の技術協定交渉
1962年11月	第二回日米財界人会議
1963年　6月	全米石炭協会総会
1965年　9月	国際産業人会議
1966年　5月	米国鉄鋼協会年次総会出席
1967年　5月	国際鉄鋼協会発起人会出席
1968年　3月	輸入課徴金に関する訪米経済使節団団員
1968年　9月	第四回日本カリフォルニア会出席

とはできない。本項ではこれについて説明しておきたい。

『稲山嘉寛回想録』の「稲山嘉寛略年譜」によれば、一九五七年二月の初訪米以来、一九七〇年まで、稲山の訪米数は一〇回に及ぶ(表1-1を参照)。訪米の中身は、鉄鋼業界の代表としての活動と財界人としての活動の二種類に大別することができる。これらの訪米記録は、戦後日米経済交流において稲山が重要な役割を果たしていたことを示している。特に日米財界人会議(一九六一年設立、座長=石坂泰三経団連会長)、日本カリフォルニア会(一九六四年設立、日本側座長=岩佐凱実富士銀行頭取)、日本米国中西部会(一九六六年設立、日本側座長=木川田一隆経済同友会代表幹事)等、日米民間経済交流の重要な組織に稲山が積極的に参加したことは注意を要する。

(二)　一九五七年の「鉄鋼使節団」訪米

まず、一九五七年の訪米経過を見ることにしよう。一九五七年二月、スクラップの輸入を確保するため、稲山は、永野重雄富士製鉄社長、大堀弘通産省重工業局次長とともに「鉄鋼使節団」の一員として訪米した。二月一二日に出発、三月一二日に帰国で、ちょうど一カ月間の旅であった。稲山にとってこれは初めての訪米であり、戦後初めての外国旅行でもあった。

まず、ハワイで二泊し、一行は日本に赴任する直前のマッカーサー大使の自宅に招待され、話し合いを行った。続いて、アメリカ製鉄業者の考えを知るべく、ロサンゼルスでカイザー製鉄会社の中心人物だったアシュビーと会談した。また、サンフランシスコではUSスチール社の子会社であるコロンビア・スチール社の社長に会い、日本の買い付けがどういう点でアメリカの製鉄業者に悪影響を与えているかを尋ねた。そして、二月一七日にワシントン到着後、一八日から四日間連続でロバートソン国務次官補(極東問題担当)、ウイリアム商務次官、マックレンラン商務次官補、スミス商務長官補代理、その他国務省の関係者二、三名など全部で十人余りのアメリカ政府の要人と会合した。その後、一行はニューヨークに行き、それぞれ視察を行った。三月五、六日にはワシントンに戻り、ランドール対外経済政策審議会委員長、ウイークス商務長官、ホリスターICA長官、アダムス大統領補佐官とそれぞれ会合し、一二日に帰国した。(87)

会見したアメリカ政府首脳に対して、使節団は主に日本の鉄鋼増産の見通しを説明し、二四八万トンのスクラップの対日輸出を要求した。使節団は「日本の経済を安定さすことが、自由国家群の仲間として、日本が他に迷惑をかけない一番いい方法だ。自立経済を達成することは日本自身が努力する。……しかし、なんといっても、その元をなすものは鉄鋼業だ。その鉄鋼業にとって目先一番の隘路はスクラップだ」という基本的な立場から話をした。(88)政府代表として同行した大堀弘の話によれば、これらの交渉は主に稲山と永野重雄によって行われ、大堀が二人の発言に補足する必要はほとんどなかった。大堀は、二人は「民間の代表でおいでになったんですが、そのお二人のお話しの仕方が、単に日本の鉄鋼業界の代表というだけではなく、日本経済の代表、むしろ日本の国全体の代表といったような立場で発言された。これが先方に非常にいい印象を与え、……発言は十分に聞いてもらった」と語っている。(89)

稲山自身は帰国後、この初訪米の印象について次のように語っている。

「アメリカの人達が……快活、しかも親切、職務に忠実という感じを受けて、実に感嘆したわけです。この親切とか、あるいは礼儀正しいとか、あるいは職務に忠実であるということが……なにか人世に理想をもっておるというように感じたわけです。……それでは理想というのは何だろう。……要するに、世界主義になって来ておる。よく世界主義というと、征服というような闘争が考えられるんですが、私は、そうじゃなくて、人類全体に何か一つの新しい、愉快な、豊富な世界をつくろうという理想がみなぎっておるというように考えて、帰ってきたわけです。このことは、要するにアメリカの戦争後、殊に拡大された一つの理想だと思います。……それでは理想というのはなにかということなんですが、簡単にいえばこの世の中から景気、不景気の循環を取り除いて、不景気をなくそう。そして、常に物質的に豊かな世界をつくろうということだと思うんです。……そして全世界の資源の開発、全世界のオートメーション化、全世界の生産性向上ということを考えている。従って、アメリカの今までのやり方をみますと、決して鎖国的でなくて、そして、いわばおチョツカイじゃないかというところまで、他国の面倒をみる。(90)」(傍線邸)

このように、この訪米において稲山はアメリカの経済開発の「世界主義」に強く印象づけられた。ところで、使節団の対米交渉はどのような成果を生んだのであろうか。この訪米の後、アメリカ政府から一五〇―一六〇万トンのスクラップの対日輸出が許可された。また、日本の鉄鋼業に対して世界銀行から融資が行われ、アメリカ輸出入銀行の延べ払いも供与された。これによって日本の鉄鋼業は、最新の設備に更新することができ、第二次合理化計画が進められるようになった(91)。さらに、アメリカは日本の鉄鋼輸出の最大の市場になった。

アメリカは一九五八年にインドに代わる日本の鉄鋼輸出の第一位の市場になり、以降、日本の鉄鋼輸出は次第にアメリカに集中するようになった。日本の鉄鋼輸出に占める対米輸出の割合は一九五七―六二年には二〇%台だったのが、一九六三―六四年には三〇%台、一九六五年以降は四〇%台に上昇した。(92)

稲山はその後、この訪米の時の経験を挙げて、同盟国日本の繁栄のために惜しまず援助するのが、アメリカの政策だと説くようになる。稲山は一九六五年の「私の履歴書」においてこの訪米の際、アダムス大統領補佐官に次のように言われたと述べている。

「私どもは核兵器の発明によって、世界には今までのような戦争は二度と起こりえないと思います。しかし、貧乏はしばしば、人と人、国と国との間のもめごとの原因となります。私たちは世界から貧乏を追放しなければなりません。……われわれが全世界に平和の日をもたらすためにはまず自由主義国家群の団結と繁栄を作り上げねばなりません。日本は立派な自由主義国家群の一員であります。私たちは日本の繁栄のためになることなら、いかなることでも惜しまず援助致します。……困ったことがあったらいつでも私のところへおいで下さい。(93)」

そして、アメリカは実際その通りに実行したと稲山は述べている。また同年の「私の日本経済論」において、稲山は戦後日本の高度成長の第一要因は、アメリカの経済援助にあったとも述べている。

「現在のアメリカは世界平和の達成にまっしぐらに努力していると、私は判断しています。世界銀行や輸出入銀行の活躍、相手国に金がなければ貸してやる、あるいはアメリカが戦争を通じて開発した技術を金さえだせばどんどん教えてくれる――このような状態は、以前ではとても考えられなかったものです。さらに後進国援助に力を入れて、世界中を貧乏から解放するという平和政策が行われています。……日本は戦争に敗れましたが、アメリカは平和達成のため自由主義経済国を糾合して、共産主義と対決していくという観点から、日本を味方として金と技術と知識を与えてくれたのです。……結局、日本はこのような平和政策時代の受け入れ体制がよかったため、世界にも例のない大きな発展ができたのだと思います。[94]」

このように、稲山は戦後日本の繁栄はアメリカの経済援助のおかげであると説いた。自由主義経済国を糾合して共産主義と対決するアメリカの世界平和政策への協力は、日本経済の繁栄に繋がったことを示唆した。

（二）　一九六八年の訪米と輸出自主規制の推進

対米経済外交において、稲山が重要な役割を果たしたことを示す重要な例は、一九六八年三月の輸入課徴金に関する訪米経済使節団への稲山の参加である。

ベトナム戦争に伴う対外軍事・経済援助の増大、民間資本の流出、および貿易黒字幅の縮小により、アメリカの国際収支は一九六七年に急激に悪化し、三五―四〇億ドルの赤字に達したと見込まれた。国際収支赤字の改善を図るために、一九六八年一月一日、ジョンソン大統領は国際収支改善策に関する特別声明（ドル防衛策）を発表し、三〇億ドルの赤字削減をめざす方針を明らかにした。[95]そしてその一環として、輸出戻し税および輸入付加税（以下、輸入課徴金）の創設が検討されることになった。[96]

この措置は主にＥＥＣ（European Economic Community：ヨーロッパ共同市場）の国境税に対抗するためと思われたが[97]、アメリカ政府は日本の輸入だけを除外することは困難だという考えを示し、輸入課徴金からの適用除外を求めた日本政府の要請を否定した[98]。アメリカ政府はイギリスが提案しているケネディ・ラウンド（関税一括引き下げ交渉）の関税引き下げの繰り上げ実施にＥＥＣと日本が同調すれば、五億ドルの国際収支改善の目標は容易に達成できるし、あえて輸入課徴金を実施するまでもないと述べた。しかし、関税引き下げの繰り上げにはＥＥＣが難色を示し、特にフランスが強く反対していた。そのため、アメリカ国内では輸入課徴金採用の動きが次第に強まった。

当時、日本経済はアメリカ同様、国際収支の不均衡に悩み、金融引き締め下にあった。しかも、対米輸出は総輸出の三割を占めており、中でも中小企業関係の輸出品のウェートが非常に高かった。そのため輸出課徴金の採用は日本経済に深刻な影響を与えると憂慮された。こうした中、経団連、日本商工会議所（日商）、日本貿易会などから成る対米貿易合同委員会は輸入課徴金採用の再考をアメリカ政府に強く要請し、「万一そのような措置（輸入課徴金）がとられる場合には、……有効な対抗措置をとるよう日本政府に要求せざるを得ない」とする強硬な見解を表明した[99]。輸入課徴金採用を阻止するために、日本政府は外交ルートを通じてアメリカ政府に働きかけを行った。しかし、政府特使の派遣はアメリカ議会の動向や課徴金制度の具体的な内容を見極めてからでなくては難しく、椎名悦三郎通産相は植村甲午郎経団連副会長に民間特使を先に送ることを打診した[100]。この要請を受け、経団連は佐藤喜一郎三井銀行会長を団長とする経済人八名から成る訪米経済使節団を派遣することを決定した。財界が特定の交渉目的を持った使節団をアメリカに送るのは、これが初めてであった[101]。

佐藤は対米輸出商品の一位を占めていた鉄鋼の話は必ず出てくると推測し、稲山に訪米団への参加を要請した。

稲山はちょうどこの時期「輸出自主規制の必要があると感じていた」ので、この要請に応じ、訪米使節団に加わった。[102]

使節団は三月一七日に出発し、五日間の訪問日程を終えて、二二日にワシントンで解散した。五日間のワシントン滞在中、ラスク国務長官、ファウラー財務長官、スミス商務長官、ロストウ国務次官、ロス大統領通商交渉代表、ミルズ下院歳入委員長、オーカン大統領経済諮問委員長、ソロモン国務次官補ら政府、議会首脳や、農業団体、言論界と会合を持った。これらの場で使節団は、アメリカ側の意向を打診するとともに、輸入課徴金導入に反対する考えを表明した。[103]

これらの接触を通じて、稲山は「米国の輸入課徴金をめぐる事態はきわめて深刻かつ差し迫った段階になっている」という印象を受け、「日本が貿易・資本の自由化の前進にさらに真剣に取り組む必要」を痛切に感じた。稲山は「日本からの鉄鋼、繊維など対米輸出には一段と秩序が望まれる」と主張し、「輸入課徴金は日本だけの問題ではなく、幅の広い自由諸国全体の問題である。われわれはもう一段高い視野に立って、米国と話し合い、協力する必要がある」と述べ、対米協力の必要性を強調した。[104]

訪米中の三月一九日、稲山はミルズ下院歳入委員長、ソロモン国務次官補にそれぞれ会い、鉄鋼の対米輸出自主規制を行う意向を表明した。稲山の回想によれば、アメリカ議会での輸入課徴金審議の鍵を握るミルズに対し、稲山は次のように述べた。

> 「関税障壁を設けるとか、課徴金をかけるとかといった輸入制限措置を採ることは、自由主義のリーダーであるアメリカとして行うべきことではない。私どもはアメリカの世界政策に対して共感しているし、アメリ

カが困るようなことはすべきでないと思う、それで鉄に関して、私どもは輸出自主規制するのが一番いい方法だと思う。[105]」(傍線邸)

また、ソロモンに対しては、日本鉄鋼業界の対米輸出自主規制がアメリカの独禁法違反にならないように国務省が壁になり、その壁を隔てて日本とアメリカの鉄鋼メーカーが話し合うのが良いと述べた。ヨーロッパがこれに同調するかどうかを問いかけたソロモンに対して、稲山はヨーロッパの鉄鋼首脳には自ら相談してみると答えた。

三月二二日にワシントンで使節団が解散した後、稲山はローマに飛び、国際鉄鋼協会の理事会に出席した。西ドイツ・ティッセン社のゾール会長の協力のもと、輸出自主規制に関する稲山の提案は同理事会を通過した。[106]

しかし、日本国内では繊維産業をはじめとする他の産業が自主規制に強く反対した。「鉄鋼がやるとこっちもやらされる心配」から、繊維業界のリーダーだった宮崎輝旭化成社長は稲山の自宅に電話をして、鉄鋼の輸出自主規制を止めようとした。[107]通産省も鉄鋼の輸出自主規制には反対であった。稲山が輸出自主規制の話を持ち込んだ際、熊谷典文通産事務次官はこれに驚き、「大産業の鉄がそんな模範を示しては困ります」と反対した。しかし、稲山は「鉄は一国にとって必須の産業である。しかるに、日本は米の迷惑も考えず過度に輸出している。ここは自制すべきだ。貴方が反対しても私は断固やります」と主張した。結局、稲山の熱意に押されて、熊谷は鉄鋼の対米輸出自主規制を了解した。[108]

一九六八年一二月二三日、稲山は日本鉄鋼輸出組合理事長の肩書きでラスク国務長官に書簡を送った。この書簡に基づいて、業界ベースによる鉄鋼の第一次対米輸出自主規制が始まった。[109]日本とヨーロッパ鉄鋼業の輸出自主規制は、アメリカ政府と議会から評価され、議会での鉄鋼輸入制限法案の審議が延期されることになった。その結果、鉄鋼の輸入制限問題は、繊維摩擦のような深刻な対立へ転化することなく収拾された[110]。一方、輸入課徴金の採用も日本とＥＥＣがケネディ・ラウンドに基づく関税引き下げの実施繰り上げを表明したことで回避された。

一九六九年に第一次の対米輸出自主規制が行われた結果、同年の鉄鋼の対米輸出数量は、六八年の輸出実績の約二五％削減された。しかし、輸出価格は大幅に上昇し、対米輸出の平均単価は一九六八年の一〇〇トン一二四・四ドルから一三七・二ドルにまで跳ね上がった。またヨーロッパ市場への輸出が好調だったため、対米輸出が減少した分が埋め合わされた。全体的に見れば、一九六九年の日本の鉄鋼輸出は、数量で一六〇一万トン、金額では二二億九七三九万ドルに達した。前年の実績に比べて数量で二一・七％、金額で二六・八％の増加であり、日本の鉄鋼輸出は戦後最高を記録したのである[111]。このように、輸出自主規制は結果として鉄鋼価格の改善、市場の多様化に繋がった。一九七二年に出版された『株式会社日本』は、通産官僚の反対にもかかわらず、輸出自主規制を強行した稲山の動機について、「対米輸出自主規制をきっかけに、値下げ競争して輸出量を拡大していくようなこれまでのやりかたを、価格重視の質的な輸出に転換させようとした」と分析している[112]。

このように、アメリカのドル防衛策に対応して展開された一九六八年の対米経済外交において、稲山は重要な役割を果たした。業界首脳がアメリカの国務長官に書簡を送り、直接経済交渉を行うのは、極めて異例の出来事である。そして対米協力を唱え続けた稲山の姿勢が、アメリカ政府の信頼を獲得したことは間違いない。

本章において明らかにしたように、稲山の基本的価値志向は親米的であり、実利主義的であった。また、稲山の経済観では鉄鋼の価格安定を図ることが経済の安定にとって何より重要であり、それには業界の話し合いによる生産調整、すなわちカルテルの結成が必要であった。戦後の日米関係と日中関係において、稲山は日中貿易拡大よりも対米関係を重視し、対米経済外交において重要な役割を果たした。稲山はアメリカの世界政策に共感を覚え、対米協力の姿勢を取ったのである。一九七〇年代以降、日米貿易摩擦が深刻化する中で、稲山は対中経済外交の展開の中心を担うようになる。それは、鉄鋼の対米輸出自主規制の推進に示されたように、対米輸出の調整を稲山が早くから主張し、成果を挙げたことと無関係ではない。いわば、日米協力関係の維持こそ対中経済外交において「稲山路線」の登場を要請したのである。

(1) 稲山嘉寛「私の履歴書」(日本経済新聞社編『私の履歴書』経済人八、日本経済新聞社、一九八〇年)一九八―二〇〇頁。
(2) 名和太郎『評伝稲山嘉寛』(国際商業出版、一九七六年)二四三頁。
(3) 前掲、稲山嘉寛「私の履歴書」二〇七頁。
(4) 同右、二〇七頁。
(5) 同右、二〇三―二〇六頁。
(6) 同右、二〇九―二一八頁。
(7) 同右、二二四―二二五頁。
(8) 同右、二二九―二三二頁。
(9) 前掲、稲山嘉寛「私の履歴書」二〇二頁。
(10) 同右、二一五頁。
(11) 同右、一九三頁。

(12) 中嶋嶺雄・古森義久『中国暴発』(ビジネス社、二〇〇五年)一五九頁。
(13) 田原総一郎「稲山嘉寛が狙う八〇年代政財界連合体制」(『中央公論』第九六巻第一号、一九八一年一月)二三二頁、稲山嘉寛『わかっちゃくれない――思いやりと我慢の経済説法』(朝日新聞社、一九八七年)一九〇頁。
(14) 前掲『わかっちゃくれない――思いやりと我慢の経済説法』三一―三二頁。
(15) 日向方齊「稲山さんの思い出」(「稲山嘉寛回想録」編集委員会『稲山嘉寛回想録』新日本製鐵株式会社、一九八八年)四八九頁。
(16) 前掲『評伝稲山嘉寛』二四七頁。
(17) 前掲、稲山嘉寛「私の履歴書」二三六―二三七頁。
(18) 「稲山嘉寛略年譜」(前掲『稲山嘉寛回想録』)八三二頁。
(19) 前掲、稲山嘉寛「私の履歴書」二三八頁。
(20) 前掲「稲山嘉寛略年譜」八三二―八五二頁。
(21) 前掲、稲山嘉寛「私の履歴書」一九四―一九五頁。
(22) 稲山嘉寛『私の鉄鋼昭和史』(東洋経済新報社、一九八六年)二二三―二二四頁。
(23) 前掲、稲山嘉寛「私の履歴書」一九五―一九七頁。
(24) 矢部洋三・古賀義弘・渡辺広明・飯島正義編著『現代日本経済史年表』(日本経済評論社、一九九六年)一五五頁。
(25) 前掲、稲山嘉寛「私の履歴書」一九六―一九七頁
(26) 前掲『わかっちゃくれない――思いやりと我慢の経済説法』一一四頁。
(27) 前掲、稲山嘉寛「私の履歴書」二三八―二四八頁。
(28) 中村隆英『昭和経済史』(岩波書店、一九八六年)四二―四六頁。
(29) 同右、五一―五二頁。
(30) 前掲『評伝稲山嘉寛』三一頁。
(31) 『八幡製鉄所五十年誌』(八幡製鉄株式会社八幡製鉄所、一九五〇年)二四三頁。
(32) 八幡製鉄所所史編さん実行委員会『八幡製鉄所八十年史　総合史』(新日本製鉄株式会社八幡製鉄所、一九八〇年)八六頁。

そもそも、八幡製鉄所が販売部を東京出張所に移したのは第一次世界大戦の終了とその後の軍縮条約で軍需が落ち込み、極度に悪化した経営内容を改善するために、民需分野への拡販活動を行うためであった。民需分野における八幡製鉄所と民間製鉄所の激しい競争は、一九三〇年以前からすでに始まっていたのである(同書、五九頁)。

(33) 前掲、稲山嘉寛「私の履歴書」二四七頁。
(34) 同右、二四七頁。
(35) 前掲『私の鉄鋼昭和史』三二―三三頁、前掲『わかっちゃくれない――思いやりと我慢の経済説法』一一五―一一六頁。
(36) 前掲、稲山嘉寛「私の履歴書」二四七―二四八頁。
(37) 前掲『私の鉄鋼昭和史』三七頁。
(38) 同右、三八―三九頁。
(39) 前掲、稲山嘉寛「私の履歴書」二五六頁、前掲『私の鉄鋼昭和史』四一―四三頁。
(40) 稲山嘉寛「『独禁法の改正』に思う」(『東京新聞』一九五七年一〇月七日)。
(41) 長州雅芳「独禁法の改正はどうなる?――忘れられているカルテル論争」(『財経詳報』第一四一号、一九五八年一月一三日)三六頁。
(42) 稲山嘉寛「設備の自主調整論」(『日本経済新聞』一九五九年四月一三日)。
(43) 「座談会　新局面を迎える日本経済と独禁法」(『経団連月報』一九六三年四月号)二三―二四頁。
(44) 「座談会　輸出秩序の確立をさまたげるもの」(『経団連月報』一九六三年三月号)二九頁。
(45) 同右、一八頁、二九―三一頁、稲山嘉寛「第一回公開販売協議会における挨拶」(前掲『稲山嘉寛回想録』)七六九―七七〇頁。
(46) 鋼材懇話会は鉄鋼統制会の後継組織だった日本鉄鋼協議会の「需給部」の機能を受け継いで、メーカー、問屋などを主体に組織されたものである。
(47) 前掲『私の鉄鋼昭和史』八二―八三頁。
(48) 同右、八五頁。
(49) 同右、一二二―一二五頁。

(50) 同右、一三三―一三四頁、前掲『評伝稲山嘉寛』一六三頁。
(51) 前掲『私の鉄鋼昭和史』一三五―一三七頁。
(52) 前掲『評伝稲山嘉寛』一四五頁。
(53) 李恩民『転換期の中国・日本と台湾――一九七〇年代中日民間経済外交の経緯』(御茶の水書房、二〇〇一年)一七四頁。
(54) 日中長期貿易協議委員会『日中長期貿易取決め二〇年』(日中長期貿易協議委員会、一九九六年)一頁。
(55) 同使節団の構成員は次の通り。稲山嘉寛八幡製鉄常務(団長)、岡崎文勲国民経済研究協会理事(秘書長)、中島正保富士製鉄常務、清水芳夫日本鋼管常務、斎藤英四郎八幡製鉄販売部長、安田安次郎日本鋼管原料部部長、中井国臣八幡製鉄購買部副長、太田慶蔵富士製鉄購買部長、塩博川崎製鉄東京支店材料部長(「中共と長期協定交渉」『朝日新聞』一九五八年二月五日夕刊、前掲『私の鉄鋼昭和史』一〇四頁)。
(56) 波多野勝・清水麗『友好の架け橋を夢みて――日中議連による国交正常化への軌跡』(学陽書房、二〇〇四年)一四七―一五〇頁。
(57) 日中経済協会編『日中覚書貿易一一年』(日中経済協会、一九七五年)一六頁。
(58) 前掲『評伝稲山嘉寛』一〇六頁。
(59) 石川忠雄・中嶋嶺雄・池井優『戦後資料日中関係』(日本評論社、一九七〇年)二四七頁。
(60) 「鉄鋼協定成立日中貿易拡大の機運」『朝日新聞』一九五八年二月二七日。
(61) 波多野勝・飯森明子・清水麗『日中友好議員連盟関係資料　帆足計・中尾和夫文書――資料編』(現代史料出版、二〇〇二年)五五〇頁。
(62) 前掲『私の鉄鋼昭和史』一〇〇頁。
(63) 前掲『友好の架け橋を夢みて――日中議連による国交正常化への軌跡』三―四頁。
(64) 添谷芳秀『日本外交と中国　一九四五―一九七二』(慶應通信、一九九五年)六九頁。
(65) 鈴木一雄「貿促運動が歩んだ道(一)――鈴木一雄氏に聞く」(『アジア経済旬報』六一九号、一九六五年八月)一八―一九頁。
(66) 「中共向鉄鋼使節団出発」『朝日新聞』一九五八年二月一三日。
(67) 前掲『私の鉄鋼昭和史』一〇〇―一〇三頁。

(68) 同右、一〇三—一〇四頁。
(69) 同右、一〇六—一〇七頁。
(70) 同右、一〇四頁。
(71) 一九六二年一一月九日に廖承志と高碕達之助の間で署名された「日中総合貿易に関する覚書」を土台に始まった貿易体制。『日中関係資料集 一九四九年—一九九七年』(霞山会、一九九八年)二一五—二一六頁を参照。
(72) 「高碕氏、鉄鋼首脳らに説明」『日本経済新聞』一九六二年九月八日。
(73) 「松村氏一二日出発」『日本経済新聞』一九六二年九月八日。
(74) 「稲山氏も訪中示唆」『日本経済新聞』一九六二年九月一二日。
(75) 前掲『私の鉄鋼昭和史』七七—七八頁。高碕達之助は一九四一年に満州に赴き、満州重工業の副総裁に就任した。彼は終戦後、満州にとどまって、日本人会会長として日本人の安全と日本送還に努めていた。高崎の「私の履歴書」によると、彼は、一九四六年一一月に蔣介石政府の張公権経済部長に賠償要求に充てようとする呉の発電所と広畑の製鉄所の調査をするよう命じられ、日本に帰国した。高碕は「終戦後二年中国にいたが」、日本の工業力を極端に抑えようとする「米国の占領方針が変わろうとは当時私の考えの及ばなかったところである」と述べている(高碕達之助「私の履歴書」日本経済新聞社編『私の履歴書』経済人一、日本経済新聞社、一九八〇年、四四五頁、四四九—四五〇頁)。ただし稲山は一九八五年になって「広畑製鉄所の賠償説は、高碕が自分で経営しようと考えたために起こった問題であった」と回想している。このように、広畑製鉄所の問題は蔣介石政府の要請に基づいたものとする高崎の記述と、稲山のこの問題に対する記述は解釈の力点が食い違っている。稲山によれば、一九四七年頃、高碕から「ちょっときてくれないか」との話があったので、会ったことがある。その際に、高碕は「広畑は賠償で取られることはないから、満州からの引き揚げ者用に自分に譲ってもらえないか」との話を稲山に持ち込んだ、という(前掲『私の鉄鋼昭和史』七八頁)。
(76) 前掲『評伝稲山嘉寛』二六二頁。
(77) 「稲山八幡製鉄社長日中貿易拡大で語る」『日本経済新聞』一九六二年九月二八日
(78) 「代表派遣決まらず」『日本経済新聞』一九六二年一〇月一六日。
(79) 「過度の依存危険」『日本経済新聞』一九六二年一〇月一八日。

(80)「原料輸入一、二年むずかしい」『日本経済新聞』一九六二年一〇月一八日。
(81)「尼鉄米沢氏が同行」『日本経済新聞』一九六二年一〇月一九日。
(82)「稲山氏も訪中示唆」『日本経済新聞』一九六二年九月一二日。
(83)「座談会　世界経済の中の日本」(『経団連月報』一九六三年一月号)二三―二四頁。
(84)同右、二四―二五頁
(85)同右、二五頁。
(86)野村耕作『岡崎嘉平太論』(ライフ社、一九七八年)二〇四―二〇五頁。
(87)「鉄鋼使節団『訪米の印象』を語る」(『鉄鋼業』一九五七年四月号)六―一二頁。
(88)同右、八―九頁。
(89)同右、二〇頁。
(90)同右、一五―一六頁。
(91)前掲『私の鉄鋼昭和史』一〇二―一〇三頁。
(92)日本鉄鋼連盟鉄鋼一〇年史編集委員会編集『鉄鋼一〇年史』昭和三三年―昭和四二年(日本鉄鋼連盟、一九六九年)二五六頁。
(93)前掲、稲山嘉寛「私の履歴書」二六三―二六四頁。
(94)稲山嘉寛「私の日本経済論」(日本経済研究センター編『私の日本経済論』日本経済新聞社、一九六五年)二四三頁。
(95)「米、ドル防衛に非常手段」『日本経済新聞』一九六八年一月三日。
(96)「三%の輸入税新設」『日本経済新聞』一九六八年一月八日。
(97)「輸入税、国境税に対抗」『日本経済新聞』一九六八年一月八日。
(98)「国境税は日本も対象」『日本経済新聞』一九六八年一月二七日。
(99)「輸入附加税採用の再考を強く要請する」(『経団連月報』一九六八年四月号)六九頁。
(100)「課徴金阻止に民間特使を」『日本経済新聞』一九六八年三月七日。
(101)課徴金に関する訪米経済使節団の構成は次の通り。団長=佐藤喜一郎経団連副会長・三井銀行会長、団員=関義長三菱電

機会長、稲山嘉寛日本鉄鋼連盟会長・八幡製鉄社長、谷口豊三郎日本紡績協会委員長・東洋紡績会長、宮崎輝日本化繊協会会長・旭化成社長、小坂徳三郎信越化学社長、盛田昭夫ソニー副社長、井上清太郎日本輸出雑貨センター理事長（「財界、国際交渉の役」『日本経済新聞』一九六八年三月一三日）。

(102) 前掲『私の鉄鋼昭和史』一六一頁。

(103) 「長ければ三年間」『日本経済新聞』一九六八年三月二四日。

(104) 稲山嘉寛「米の事態は深刻」（『日本経済新聞』一九六八年三月二四日）。

(105) 前掲『私の鉄鋼昭和史』一六二頁。

(106) 同右、一六三―一六四頁。

(107) 同右、一六四頁。

(108) 熊谷典文「自己に厳しい自制の人」（前掲『稲山嘉寛回想録』）二四二頁。

(109) 行天豊雄・黒田真編『日米経済問題・一〇〇のキーワード』（有斐閣、一九九二年）九四頁。

(110) 経団連事務局編『日米経済関係の諸問題』一九六九年版（経済団体連合会、一九六九年）一二七―一二八頁。

(111) 「昭和四四年の日本鉄鋼業回顧」（『鉄鋼界』一九七〇年五月号）三六頁、三九頁。

(112) 米国商務省編、大原進・吉田豊明訳『株式会社日本』（サイマル出版会、一九七二年）二三〇―二三一頁。

第二章　「稲山路線」の形成

一九七二年五月一八日、稲山嘉寛を代表理事とする中国・アジア貿易構造研究センターが発足した。これが「稲山路線」形成の端緒となった。「稲山路線」の性格を理解するには、同センターの設立経緯について探究する必要がある。本章はまず同センターの設立を推進し、稲山をその代表に就かせることになった財界の勢力を明らかにする。そのうえで、稲山をはじめとする同センターに関わる主要アクターの当時の状況認識を探り、「稲山路線」形成の背景として提示する。

第一節　中国・アジア貿易構造研究センターの設立

一九七〇年秋、第二五回の国連総会がニューヨークで開かれた。中国の国連参加は重要事項指定決議案によって阻まれたものの、中華人民共和国の中国代表としての地位を回復し、台湾の中華民国政府を追放することを内容とするアルバニア決議案の支持が、五一票対四九票で総会の過半数を上回った事実は、中国をめぐる国際情勢が大きく変化したことを示した。これ以降、日本国内において日中国交正常化の気運が次第に高まり、日中貿易再開問題が浮上した。周恩来総理は日米繊維交渉が難航した一九七〇年四月に対中貿易四原則を提示し、その受け入れを日本の企業や商社に迫った。「周四条件」として知られるその四条件の受け入れをきっかけに、日本の民間経済界では中国への傾斜が雪崩を打って進んだ。

「周四条件」問題対応のために、東京、関西の大企業トップとひそかに接触していたのが木村一三日本国際貿易促進協会(以下、国貿促と略記)関西本部専務理事である。木村は一九七一年二月に田中脩二郎国貿促常務理事、森田堯丸常務理事らとともに中国を訪問し、周と会見した。その際木村が東京・関西財界首脳の訪中要望を周に打診したのに対し、周はこれを歓迎すると述べた(1)。木村から中国側のメッセージを受け取った関西経済界では、関西経済同友会をはじめとする各財界団体が続々と中国問題懇談会や勉強会を設け、日中貿易の再開のための準備を進めた(2)。

一方、政治中枢により近い東京経済界では、田中脩二郎のイニシアティブにより、中国・アジア貿易構造研究センターが一九七一年五月一八日に新設され、稲山が代表理事に、田中が常任理事に就任した。同センターには水上達三三井物産相談役、岩佐凱実富士銀行会長、今里広記日本精工社長、安西正夫昭和電工会長、岡崎嘉平太日中覚書貿易事務所代表、渡辺弥栄司アジア経済研究所監事、河合良一小松製作所社長、日向方齊住友金属工業社長、堀田庄三住友銀行会長、末吉俊雄三和銀行頭取、神林正教日綿実業社長、柴山幸雄住友商事社長、江森盛久三菱商事常務などの経済人、および石川滋一橋大学教授、伊東光晴法政大学教授、宮崎義一横浜国立大学教授、向坂正男日本エネルギー経済研究所所長、西川潤早稲田大学助教授、山口一郎神戸大学教授などの学者が同センターに参加した(3)。

中国・アジア貿易構造研究センターは、日中覚書貿易事務所と並んで日中経済協会の前身となった(4)。同センターには、新日鉄社長の稲山をはじめ、水上達三、岩佐凱実、今里広記、日向方齊ら日本の経済界を代表する面々が東西を問わず参加した。また、実務を取り仕切る事務局長には元共産党員で国貿促常務理事でもある田中脩二郎が就任した。さらに南北問題や開発経済学などを専門とする学者が研究員として加わった。マスコミは同センターの設立を「奇妙な中国問題研究機関の誕生」と報じ、中国の国連復帰に伴い近い将来発生すると想定される東南アジアをめぐる日中経済競争に備えて、財界が作戦を練るための参謀本部的性格を備えたものと分析した。稲山自身は同センターの設立経緯について、『エコノミスト』一九七一年七月一三日号に掲載されたインタビューにおいて次のように語っている。

「これ〔中国・アジア貿易構造研究センター〕は国際貿促の田中脩二郎さんというひとが、岩佐凱実とか今里広記さんとか安西正夫さんとかに働きかけてつくろうじゃないかということになり、ぼくのところへこられた。このねらいは田中さんの説明では、貿易が再開された場合に、事前に調査研究しておかないといけない。中国との貿易を拡大するには輸入の問題を解決しなくちゃ少しも拡大しないんです。中国から一体なにが買えるのか。中国の資源というものが、まだ十分に調査していない。そこで資源調査をいまから固めておくべきじゃないか。それからもし貿易を再開した場合に、円とか元とか為替上の問題を研究しておくことはぜひ必要だと。いろんな曲折はあるだろうが遅かれ早かれ、国交を正常化することは間違いないんだから、その準備といっても二―三年はかかるからはやくやっておいたほうがいいじゃないかということで、設立することにしたのです。けっして外へ意見を発表したりするというんじゃないんです。[5]」

ここでまず注目されるのは、同センター設立の政治的意味について稲山が極めて慎重な姿勢をとっていることである。インタビューの時点が、ニクソン大統領の訪中発表(一九七一年七月一五日)前であることを勘案しても、同センター設立の政治的意図に対する稲山の言及の少なさは際立っている。稲山は同センターをあくまで対中貿易拡大の可能性を模索するための調査研究機関として位置づけ、中国政策について財界の意見を代表して発言する機関ではないことを強調した。

もう一つ注目されるのは、中国・アジア貿易構造研究センターの設立は、稲山自身がイニシアティブをとったのではないということである。田中脩二郎がまず同センターの設立を岩佐凱実、今里広記、安西正夫に働きかけ、その後に、彼らから自分に働きかけが行われたと稲山は説明している。

雑誌『財界』の当時の報道によれば、中国・アジア貿易構造研究センターの設立は「国貿促の田中脩二郎から、財界に顔の利く関西国貿促専務理事の木村一三を通じて、新日鉄の稲山社長(経団連副会長)のところに持ちこまれた[6]」。添谷芳秀や李恩民の先行研究ではこの報道を根拠として、同センターの設立を立案した田中がまず稲山に接近し、稲山の紹介を通じて同センターの設立計画が財界トップに広がったとされている。[7]しかしながらこれは上に引用した稲山の話とやや異なっている。同センターの設立に積極的であり、稲山にこれを働きかけたのは、むしろ岩佐凱実日米経済協議会会長・富士銀行会長、今里広記日経連会長・日本精工社長、安西正夫昭和電工会長等であった。稲山は彼らの働きかけの結果、中国・アジア貿易構造研究センターの代表理事に就任したのである。

中国接近に積極的に取り組んだ関西財界に比べて、政界中枢により近い東京財界では、佐藤政権に先行して中国に近づくべきかをめぐり異なる意見が存在した。経団連会長の植村甲午郎は、中国との接触に慎重な態度をとっており、日中の公式な国交回復を待ってこれを行うべきとの意見であった。鹿内信隆の『人間・植村甲午郎』によれば、もともと経団連には、石坂泰三前会長時代から、企業ベースでの先行はともかくとして、経団連自体が、国交の始まる前に政府をだし抜くことはない、とする姿勢が伝統としてあり、また経済的に深い関係にあった韓国、台湾への配慮が存在した。実際、植村が中国の要人と会談したのは、日中国交正常化が実現した後の一九七二年八月のことであった(8)。

植村をはじめとする経団連の慎重な態度に対して、経済同友会は対中政策の転換により積極的な姿勢をとった。木川田一隆経済同友会代表幹事(東京電力社長)は一九七〇年一月の年頭見解で、「日中関係を世界平和と自由世界の発展の立場から、前向きに検討する」と述べた(9)。そして中国が周四条件を提示した後、同年四月二三日に七〇年代日本の経済外交の焦点は日中関係だという認識を示し、中国問題を研究するための機関の新設や訪中経済使節団派遣の検討などといった形で日中関係に積極的に取り組む意向を明らかにした(10)。そして、同年末には経済同友会内部に岩佐凱実、今里広記を中心に中国問題研究会が設けられた(11)。翌一九七一年の年頭演説において、木川田は、「中国に対しても、平和共存の立場から国際社会の一員として、それに参加することを可能ならしめる方策の発見に努むべきである」という見解を強調した(12)。同年四月一四日に日本工業倶楽部で開かれた通常総会において木川田は、高次の国際協調の視点から「円切り上げ問題」を判断していくことの必要性を強調したうえで、「今日流動してやまない日中関係の将来についても、広く世界平和と自由世界の発展の立場から前向きに検討し、両国間の交流を段階的に積み上げてゆく努力を進めねばならない時を迎えた、と考える」と所見を述べた(13)。

同年四月二四日、木川田一隆は、元経済同友会代表幹事の中山素平日本興業銀行相談役と岩佐凱実、そして経済同友会副代表幹事の河合良一小松製作所社長、前副代表幹事の鈴木治雄昭和電工社長、同会の専務理事の山下静一とともに、中日友好協会副秘書長の王暁雲と会見した。(14) この会談は、財界の調整役として知られた今里広記がセッティングしたものだった。今里は、親交のあった木村一三を通じて、一九七一年三月に名古屋の「河文」旅館で中国卓球代表団を率いて来日中の王暁雲に会い、東京財界人の中国志向への転換の意向を伝えた。これが経済同友会関係者と王暁雲とのこの会談または一一月の東京経済人訪中団の下地となったのである。(15) 東京財界団体の一流財界人と中国要人が直接会談したのはこれが初めてであった。中国・アジア貿易構造研究センターはこの会見の後に設立された。

中国・アジア貿易構造研究センター設立について、稲山が自らのイニシアティブを否定し、同センターの調査機関としての性格を強調したのは、中国政策をめぐって経団連と経済同友会の見解がこのように食い違っていたためである。稲山自身も経団連副会長の立場にあり財界人の中国訪問や中国要人との会談は時期尚早だと考えていた。(16) また新日鉄は周四条件を受け入れるかどうかについて、この時点では明らかにしていなかった。

それではなぜ稲山が中国・アジア貿易構造研究センターの代表理事に就任したのであろうか。すでに述べたように、同センター設立の背後には、経済同友会系列の財界人の強いバック・アップが存在した。稲山の証言で明らかにされたこの事実はいかなることを意味するのであろうか。

周知のように、戦後財界には、業界の過当競争問題にいかに対応するかをめぐる対立が存在した。すなわち、一九五八年の不況に際し経済同友会が「自主調整」論を全面的に打ち出したことがきっかけとなって、一九六〇年代を通じ、財界内部で、経済同友会を中心とする「自主調整派」(あるいは「官民協調派」と呼ばれることもある）と、経団連首脳（石坂泰三が代表）を中心とする「自由放任派」とが対立を続けていたのである。[17]

一九六六年春に木川田一隆、中山素平、岩佐凱実ら経済同友会幹部が中心となって業界の調整を目的とする、産業問題研究会を発足させたのに対し、自由放任派の石坂泰三経団連会長や桜田武日経連会長が同会の参加を拒んだのもこの対立の延長線上にあった。ただし、この対立は公害問題等国内の高度成長の問題に従来の経団連の発想では対処しきれないこと、また緊迫する日米経済関係に対処するためには超党派の取り組みが必要であることなどを背景に、一九七〇年一〇月二一日に植村甲午郎経団連会長と桜田日経連会長がそろって同研究会に参加したことによって表面上は解消された。[18] しかし、次章において説明するように、この対立は対中貿易をめぐる意見の相違という形で隠然として存在し続けた。

このような過当競争問題をめぐる財界の対立において、稲山が経済同友会の「自主調整派」に同調していたことは明白である。既述したように、そもそも稲山は自由競争より業界の協調の必要性を強調し、自主カルテル論という経済哲学を持っていた。一九五八年に経済同友会が自主調整論を唱えた際には、稲山は産業界のトップを切ってこれに賛同する意思を表明している。[19] また、稲山は産業問題研究会の主要メンバーの一人であり、稲山が推進した鉄鋼業界の再編成、すなわち八幡製鉄と富士製鉄の合併についての合意は産業問題研究会で最初に形成された。[20]

日米貿易摩擦問題をめぐって稲山が対米輸出自主規制を推進したのも、業界の自主調整を促進する考えがあったからである。輸出自主規制に反対する繊維業界のリーダー旭化成社長宮崎輝に対して、稲山は「自主規制は一見、アメリカの意向に屈したように受け取られやすいが、長い目でみて、国内のムダな競争はなくなり、価格も維持されて、業界全体のプラスになる」と自主規制を行う理由を説明している。[21] 一九七〇年夏以降の長期不況において稲山は、日本経済は労働力不足、超完全雇用の時代に入ったと指摘し、インフレ、過当競争を回避するためには、「安定成長の道を各業種または産業全体で、もっと話し合うことが必要」であると繰り返し呼びかけた。[22]とくに注意すべきなのは、労働力の頭打ちなど成長のネックになるものに配慮しないままに前発展計画のGNP八・二%を一〇・六%に伸ばそうとしているとして、稲山が新経済社会発展計画を批判したことである。高度成長を求めるあまり、資源確保に走り無理して増産するよりも、需給調整する方が得策だというのが稲山の考えであった。[23]

一九七〇年八月に通産省は「秩序ある輸出」政策(次章において説明する)を提案した。これに対して、稲山は賛成の意を表明したうえで、「業界の自主調整による以外に道はない」と主張した。[24]このように、中国・アジア貿易構造研究センターの代表理事に就任する直前、稲山は財界の中でも業界の自主調整によって内外の経済問題に対処していくことを最も強く主張していたのであった。前章で述べたように、戦後鉄鋼業界の協調体制を作り出したことで、稲山は鉄鋼業界のリーダーとして強い影響力を持つようになった。協調性を持つという点において、稲山はもう一人の鉄鋼業界のリーダーだった永野重雄のワンマン的な性格とは対照的であった。[25]

ここで注目しなければならないのは、日向方齊住友金属工業社長が中国・アジア貿易構造研究センターに参加していることである。日向は一九六五年の住金事件で業界の生産調整に公然と反対するなど反調整派の代表格であった。住友金属事件(住金事件)とは、一九六五年度第3・四半期(一〇—一二月)の粗鋼生産調整に当たって、住友金属が通産省の指示は不公平と反対し、通産省およびほかの大手各社と鋭く対立した事件である。鉄鋼各社が文書合戦を繰り返したばかりではなく、政官財を巻き込んで、大きな波紋を呼んだ。よく知られているように、八幡製鉄と富士製鉄の合併問題が持ちあがった際、後発の同業である住友金属の首脳日向がこれに反対せず、新日鉄誕生に大きく貢献した。稲山の回想によれば、合併問題の公聴会において、日向は「稲山くんが新会社の社長になるのなら、十分信頼できるから、自分は賛成する」と述べた[26]。つまり、稲山への厚い信頼があったから日向は新日鉄の合併案に反対しなかったのである。その背景には、住金事件における稲山の対応が存在した。すなわち、住金事件において、調整を断った住友金属を業界から追放するとまで公言した永野重雄に対し、稲山は住友金属の立場への理解を示し、業界協調を維持する方向で問題の解決を図った[27]。こうした経緯があって、日向は鉄鋼業界のリーダーとして稲山を信頼していたのである。

対中鉄鋼輸出において、住友金属は当初業界の調整に参加せず個別の行動をとっていた。住友金属は一九六五年一一月、継ぎ目無し鋼管を中心に八万トン、七二億円の取引を中国側と単独で成約し、共同商談では不可能であった中国向け大量鋼管輸出の道を開いた。これを契機に、日本鋼管が六六年に、八幡製鉄、富士製鉄は六七年に、それぞれ個別商談に踏み切った。価格交渉が中国側に有利に展開したことに加えて、鉄鋼メーカー間の量的拡大を目指した国内での過当競争が中国向け輸出にそのまま持ち込まれた結果、鋼管の対中輸出価格は年々低下した。さらに一九七一年の不況において内需減少の分を補いつつ操業度を維持するための輸出競争が一段と激化、対中鋼管輸出の採算は極度に悪化した。これにより、鉄鋼各社は対中輸出について個別商談では輸出競争による価格が低下し、採算の悪化が避けられないことから、共同商談の方が好ましいと認識するようになった[28]。対中貿易において鉄鋼各社は業界協調を望んでいたのである。そして住友金属もまた、一九七一年頃には共同商談の方に同調するようになっていた。日向の同センターへの参加には、鉄鋼各社が対中鉄鋼輸出について個別商談から共同商談への方向転換を遂げたことが背景として存在した。

関西経済連合会副会長だった日向は「周四条件」が提起された当初から、いち早く「周四条件受け入れ」支持の声明を出して、民間経済界の「周四条件」支持の流れをリードした[29]。日向のほか、住友信託銀行会長山本弘も関西経済同友会の代表幹事であり、住友グループは関西財界を事実上リードしていた。住友グループは日中関係の打開に最も積極的であり、東京の経済同友会財界人よりも先に王暁雲と大阪で会見を行った。会見後、山本は国貿促副会長の川勝傳の助言を受け、関西財界五団体の自主的な訪中ミッションの根回しに動いた[30]。関西と中国との関係は戦前戦後を通じて一貫して近く、何とか中国との橋渡しをしようというのが関西財界の共通姿勢であった[31]。だが、関西財界はその後個別の対中貿易組織を作る計画を中止し、日中経済協会に合流することを選択する。次章で述べるようにその鍵となったのは稲山による日向への要請であった。

以上で述べたように、中国・アジア貿易構造研究センターは、財界の自主調整派の支持のもとで設立された。同センター設立の最も重要な推進役であった岩佐凱実は、経済同友会で設備投資の調整構想を最初に提起した人物であった。一九五七年二月一日の経済同友会の幹事会において岩佐は政策審議会委員長として金融逼迫、物価騰貴、輸入超過が顕在化している中で設備投資が続行されている状況に言及し、「金融、産業、および日銀、大蔵、通産等の関係者により一つの話し合いの場を作り、秩序をたてて日本経済の実情に応じて、日本経済拡大を策する必要があるのではないか」と述べた。これがきっかけとなって、経済同友会は一九五八年に自主調整論を全面的に打ち出したのである[32]。無論一九七一年に日本経済が直面した課題が一九五七年の頃とは異なっていたことは言うまでもない。それでは、岩佐、稲山らの行動を促したのは一体いかなる出来事だったのであろうか。次節では中国・アジア貿易構造研究センター設立前後の、稲山、岩佐の状況認識を明らかにし、「稲山路線」形成の背景を考察する。

第二節 緊迫化した日米経済関係への懸念

周知のように、天然資源に乏しい日本は、諸外国から資源を調達し、それを加工して輸出する加工貿易国として発展してきた。広大な国土と豊かな資源を有し、自立的な経済発展が可能な中国やアメリカ等の大陸国家と比べれば、日本では、経済発展における貿易の役割は一層重要である。そのため、国際経済の場において日本は常に、工業製品の自由貿易を擁護する立場をとった。こうした事情を考えると、戦後アメリカが、ドルを基軸通貨として国際通貨制度を安定させたこと、また巨大な工業製品の輸入市場であり、しかも多角的な自由貿易の拡大にリーダーシップを発揮したことは、日本の経済成長を支えた重要な要因であったことは疑いない。

戦後、アメリカ政府に経済援助を度々要請した稲山は、この点を十分に認識していた。一九七〇年一一月二六日に、稲山は内外情勢調査会において「日本経済の現状と将来――産業人の立場から」と題する講演を行った。この中で稲山は、戦後の日本経済が多大なる発展を成し遂げたのは、世界平和を樹立しようとするアメリカの政策に恵まれたからと説明している。すなわち、

「……それが平和になると、みなお互いが幸福になろうという意味合いから、アメリカの政策は着々として進んでおったはずと思います。たとえば、世界銀行の創立、輸出入銀行、IMF、OECDの活動、後進国援助、あらゆることが貧乏をなくし、世界に平和を樹立しようとする方向に向けられておったことは間違い

ないことであります。その自由貿易、開放経済の恵みを日本が一番受けたため今日があることは間違いない、私はこう考えるのでございます。これが一つの大きな戦後の変化であったと思うのであります。[33]」(傍線邸)

このように、稲山はアメリカが戦後の自由貿易体制を主導したことによって日本は経済成長を遂げることができたと認識していた。言い換えれば、戦後の日本経済の発展は、良好な日米関係によって支えられたと稲山は考えていたのである。

この講演は、日米繊維交渉が難航していた最中に行われた。当時、アメリカでは繊維交渉の難航によって対日感情が悪化し、さらに作家の三島由紀夫の自殺などにより軍国主義復活への懸念が広がっていた。[34]稲山は上述の認識を示したうえで、「日本経済の発展を願うならば、その発展してきた原因をよく認識して、世界の平和をどうやって早く達成するか、そうして平和でなければ日本はだめなんだという自覚を持つべきだと」主張した。[35]要するに、稲山は、日本の経済発展のためには、アメリカの政策に日本が協力する必要があるという考えを示唆したのである。前章で明らかにしたように、戦後、稲山は日中関係の打開より対米関係を重視し、対米協力を一貫して主張していた。こうした稲山の主張は日米貿易摩擦が深刻化した一九七〇年以降、一層強調されるようになったのである。

一九七一年五月、中国・アジア貿易構造研究センターが設立され、稲山はその代表理事に就任した。その際、稲山は中国問題について日米の考え方に根本的な違いがあることを指摘した。すなわち、アメリカは世界平和を実現するために、貧困をなくそうとし、発展途上国の援助やＩＭＦ体制作りを展開してきた。中国問題もこの観点から捉えなければならないというのが、アメリカの考え方である。これに対して、日本は「そういう大きな構想のなかの立場じゃなくて、中国は八億の人口を抱えているから市場として大きな魅力がある。これを見すごしてはたいへんだ、おれは輸出するんだという考え方です。……ぼくは中国問題についていえば、中国とどうやって平和に共存して、互いに繁栄していくか、そのことを土台にした考え方が出てこないといけないんじゃないかと思うのです」と稲山は述べている。(36) 日中関係の打開について、稲山が一時的な輸出市場の開拓としてではなく、アメリカの世界政策に近い長期的な関与の観点から考えていたことが窺われる。

同センターが設立された一九七一年五月前後は、繊維問題をめぐって日米経済関係が非常に緊迫化していた時期であった。一九七一年三月、日本政府は、繊維業界の輸出自主規制宣言を支持し、政府間交渉の打ち切りを公式に表明した。ニクソン大統領はこれを強く非難し、アメリカ政府は輸入制限を内容とする議会での「一九七一年通商法案」の成立支持を表明した。さらに、アメリカ政府は繊維の対日輸入制限で国家安全保障条項の適用に踏み切る可能性を日本側に通告した。(37) 五月に入ると、西ドイツ・マルクが変動相場制に移行したことを契機に、アメリカ国内では「円切り上げ論」が活発になり、アメリカ議会上院の公聴会においてコナリー財務長官やスタンズ商務長官が円切り上げの可能性を示唆した。また、その直後に来日したトレイザイス経済問題担当国務次官補は外務省首脳との会議の席上で円問題を持ち出した。(38) これにより一九六九年以来懸念されていた円の切り上げが一層現実味を帯びた。日本の産業界は円切り上げが輸出減に働き、経済全体にデフレ効果を生み出す恐れから、これに反対する姿勢をとった。(39)

一九七一年六月一六日にワシントンで開催された第八回日米財界人会議において、日本の財界人はアメリカの不況の深刻さ、またアメリカ国内の対日批判の高まりを知らされ、対米経済関係がこれ以上悪化することに対する危機感を募らせた。日米財界人会議に参加した稲山は、次のような訪米感想を述べている。

「いま、一九三〇年代の日本製品、日貨排斥運動を思い起こさせるような、厳しい表現となってあらわれているが、国民運動にすら発展する危険性がある。そうしたボイコット運動にでもなると、米国政府が押さえようと思っても押さえられるものではない。だから、そこまで発展しない間に日本が手を打たなければならないと思う。日本は資源がないんだし、また外国が日本品を買ってくれなければわれわれは生活ができないんだから、理屈ではなく、どうやって世界中が仲良くしていくか、そして日本を理解してもらうかということをよほどよく国民全体で認識しておかないと、これはたいへんなことになりますね。要するに、戦前、軍事的に孤立し、苦しい経験をした日本がこんど経済的に孤立する日本になったら、それこそたいへんなことになる。」(40)

稲山は一九三〇年代の日貨排斥運動のような厳しさを訪米中に感じていた。当時、アメリカの西部と南部では日本製の鉄鋼製品に対する労働組合や地元の零細加工業者の排斥運動が相次いで起こっていた。稲山は、このような局地的な日貨排斥ムードが全面的な国民運動に発展することを憂慮し、そうなる前に日本が手を打つべきだと主張している。稲山は実際、ステンレス鋼などアメリカが強く要求していた特殊鋼の輸出規制受け入れを日本国内で推進していた。(41)稲山は日米経済関係の悪化によって日本が経済的孤立に陥ることに対する強い危機感を持っていたのである。

こうした危機感は、稲山だけのものではなく、日米財界人会議に参加した日本経済界のリーダーたちの間で共有されていた。一九七一年七月一六日に経団連で開かれた「第八回日米財界人会議を終えて」と題する座談会において、日本商工会議所会頭の永野重雄は「日本が生きていくためには、どうしても日米関係を悪化させることはできないような関係にあるのですね。しかし、いまのような状態だと、日米間に伏在している微妙な問題にさえつながっていくことにもなりかねないし、下手をすれば政治的な問題を含めて、大きな問題に発展しかねないとも思うのです。ですからこの機会に、われわれとしてはその辺のことを十分考慮して、その打開を図るようにしなければいけないと思うのですが、とにかく私は、危機とすらいえるような感じをもって帰ってきたのです」と述べている。また、植村甲午郎経団連会長も「やはりアメリカ経済は思いのほか悪く、ここでなんとかしなければいけないような状況に置かれていますね」との認識を示し、藤野忠次郎三菱商事社長も「今の日米関係はちょうど太平洋戦争のときと同じですよ、斎藤〔博〕大使が辞任したあとが大変だったが、ここでアメリカをおこらせてはいけない。今の日米交渉はいわば当時の軍縮会議のようなものなんですよ。しかし、どんなに力がついても孤立してしまったのではだめですね」と述べている[42]。

言うまでもなく、日本政府もこのような日米経済関係の緊張を深刻なものと認識していた。一九七一年六月四日に経済閣僚会議で決定された円切り上げ回避のための総合的対外経済政策八項目(いわゆる円対策の八項目)の作成を主導し、七月五日の内閣改造で大蔵大臣から外務大臣に横滑りした福田赳夫は、内閣改造直後に行われた座談会において、「当面最大の政治課題は日米経済関係の調整問題であろう」と述べた。同じ座談会の中で福田は日米経済問題を次のように分析している。

「日米関係の中で政治的側面は微動だにしていないと思う。沖縄が話し合いで返されることが、それを示している。しかし、経済的な心配が起きており、これを放っておくと政治的側面に波及する恐れがある。それが国民感情化し、選挙民を通じて政治にはねかえる心配があるからだ。経済問題は二つのカテゴリーに分けられる。一つは経済協力開発（ＯＥＣＤ）機構に参加している国の中で、日米両国の生産が六五％に当る。だから、日米の動き方は世界経済情勢に大きな影響を与える。そこに具体的に心配されたのは、世界的に保護主義の風潮が出てこないかということだ。これが出てくると大変な政治的な影響がある。もう一つは、狭い意味での日米経済関係だ。日本は米国市場を離れて存立することは困難だ。日本は米ソと違って資源を国内に持っていない。原油や鉄鉱石は九九％を海外に依存している。世界経済がブロック化、保護主義化すると日本経済は重大な影響を受けるが、それが進んで『日本に資源を出すな』ということになると、たとえば石油は備蓄が四五日分しかない。四五日でお手上げなのだ。」[43]

このように、福田は、日米経済関係の悪化が政治に跳ね返り、同盟関係を動揺させることを懸念した。また、稲山と同様に、福田は日米経済関係の悪化がアメリカの保護主義を引き起こし、市場を封じ込め、資源の供給を抑制することで日本経済が孤立することを危惧したのである。

一九七一年七月に公表された『通商白書』の統計によれば、対米輸出は一九七〇年に輸出総額の三〇・七％、対米輸入は輸入総額の二九・四％をそれぞれ占めており、輸出入ともにアメリカは日本の最大の貿易相手国であった。[44]軽工業の繊維製品から鉄鋼、機械機器（自動車、カラーテレビ等）の重工業製品まで、日本の主要な輸出産業のいずれをとっても、アメリカは最も重要な市場だったのである。[45]

また、日本が九九％海外に依存していると福田が言及した、原油と鉄鉱石等の大部分は、アメリカおよび在外米系企業（アメリカの多国籍企業）から輸入していた。経団連事務局の国際経済部は一九七一年一一月号の『経団連月報』に「在外米系企業からの日本の輸入」を日米貿易不均衡問題の参考資料として掲載した。この資料は三井物産調査部の提供によるものだった。この資料によれば、一九七〇年に「日本の総輸入額の四五・六%が米国および在外米系企業からの輸入であるばかりではなく、石油の八一・七%、鉄鉱石の四七・三%、原料炭の八二・三%が在米・在外の米系資本からの輸入である」とされている。[46]

以上の具体的な統計数字を見れば、この当時日本経済がいかにアメリカに依存していたかは明白である。日米経済関係の緊張は、日本経済にとっての危機だったと言っても過言ではない。

日米財界人会議において、日本側の代表として円切り上げに反対する意見を述べたのが、岩佐凱実であった。岩佐は「日本が資本取引制限や為替管理をしている現状では円を西独マルクと同じように扱うわけにはいかない」と述べた。[47] 緊迫化した日米経済関係を打開するため、岩佐は日米財界人会議の一年前からアメリカ側と緊密な連絡をとっていた。「日米経済関係について、自由な立場で討議し、政府の諮問にも答える」民間組織として、一九七一年四月八日にパンアメリカン航空会長のハラビーを委員長とする「日米経済関係諮問委員会」(Advisory Council on Japan-US Economic Relations) が設置されると、岩佐は四月二八日に同委員会の日本側の窓口組織として、経済三団体のトップである植村甲午郎経団連会長、永野重雄日本商工会議所会頭、木川田一隆経済同友会代表幹事を含む有力経済人約四〇人をメンバーとする「日米経済協議会」を発足させ、同会の世話役に就任した。[48]「日米経済協議会」は対米経済関係を財界ベースで調整するための機関である。当然ながら稲山も同会に加わり、今里広記と安西正夫も同会の構成員であった。[49]

岩佐は東大法学部政治学科を卒業後、安田財閥の安田銀行に入り、銀行家としての道を歩んできた。安田銀行は戦後の財閥解体で富士銀行と改名し、岩佐は一九六三年に同銀行の頭取に就任した。岩佐は頭取在任中の八年間に、富士銀行の融資先をグループ化し、その結束を固めるため一九六六年にグループ二七社の社長を集めて

「芙蓉会」という集団を作った。このように岩佐は富士銀行を大きく育てた。岩佐は銀行家とは、「経済全体の調整者」と自認していた[50]。一九七一年当時富士銀行の外国為替取扱高は外為専門の東京銀行に次いで多く、都市銀行のトップであった。

岩佐は、稲山とは仙台二高の同窓関係にあり、稲山が一年先輩であった。この二人は経済活動において緊密な関係にあった。一九六五年に三井物産と木下産商の合併案が持ち上がった際には、これを推進しようとしていた岩佐に稲山は協力し、三井物産の水上達三に合併の話を持ちかけている。木下産商の経営者だった木下茂を岩佐に紹介したのも稲山であった[51]。

稲山は一九五〇年に経済同友会の幹事に、一九五八年には経団連の理事に就任したが、鉄鋼業界の安定を図ることを最重視し、財界活動にはそれほど積極的ではなかった。名和太郎の説明によれば、稲山は経済同友会の企業の社会化路線、石坂泰三経団連の自由放任主義路線にそれぞれ違和感を抱いており、財界活動に距離を置いていた[52]。これに対し、岩佐は財界活動を通じて付き合いを広げ、「その成果を銀行経営の上に生かしていくことが必要だ」と考えていた。岩佐は富士銀行の常務時代から経済同友会を基盤に財界活動を積極的に展開し、一九五二年に経済同友会の幹事に就任してからわずか七年で代表幹事に選ばれた[53]。このように財界活動に対する考えはやや異なっていた二人だったが、一九六八年五月、植村甲午郎経団連が発足すると、ともに経団連副会長に就任する。

ここで日米関係に対する岩佐の認識を整理しておきたい。岩佐は一九五〇年に渡米し、ファースト・ナショナル・シティ・バンクで銀行業務の実務を勉強した経験があった。一九五九年に経済同友会の代表幹事に就任すると、岩佐は日米経済交流の推進に積極的に取り組んだ。岩佐は一九六〇年に訪米して、米国経済開発委員会

(Committee for Economic Development：ＣＥＤ)の理事会に出席し、経済同友会との提携を提案した。そしてその成果として、一九六二年に「自由世界経済の中の日本」をテーマとする経済同友会とＣＥＤの第一回合同委員会が開かれた。岩佐は開放経済体制を迎えて、「日本経済が安定的な成長をとげていくには、……何といってもアメリカとの貿易を拡大し、経済的協力を高めるなど、日米関係のより一層の強化、深化が必要である」との考えから、一九六四年春には訪米経済使節団を組織し、団長として訪米した。訪米中岩佐は一二回の英語演説を行った。その一つである「日米関係の神話と現実」を題する講演では、「アメリカは日本をイコール・パートナー(対等的同伴者)として西欧なみに扱うべきだ」と訴えて、大きな反響を呼んだ。

訪米経済使節団の終了後、岩佐は「将来の日米経済関係を強化するためには、アメリカ各地域別に日本との結びつきを深めることが何より重要である。なかでも、カリフォルニアとの交流、親睦関係をつくっていくことが、日米関係の歴史からいって最優先すべきである」と考えた。岩佐はバンク・オブ・アメリカ頭取のピーターセン(Rudolph Peterson)にこのことを提案し、三〇人程度のメンバーからなる、日本・カリフォルニア会を日米双方で作り、毎年定期的に会議を開き、共通の問題を討議していくことで合意した。そして岩佐は同会の代表世話人に選ばれた[54]。こうした精力的な活動を通じて、岩佐は次第にアメリカ側に知られるようになった。アメリカの有力な経済誌『フォーチュン』は、一九六七年のグローバリスト(世界的実業家)ベスト二〇人に、日本から二人を選んだが、そのうち一人が、岩佐だった。もう一人は当時の経団連会長だった石坂泰三である[55]。財界の対米経済外交において、岩佐の地位と名声は経団連会長レベルに達していたと言えよう。

日米関係に対する岩佐の基本的認識は稲山と類似する点が多い。日米開戦に否定的だった稲山同様、岩佐も回想の中で、自分は中学生の頃討論会で不戦の立場を強く主張したと述べている[56]。日米関係に対する岩佐の基本認識は、日本がアメリカと対等な立場に立つ「イコール・パートナー」になるべきだということである。こうした立場から、岩佐はアメリカに対して、日本はアメリカの「自動的同盟国」でないことを指摘し、国際援助協力に関してアメリカと日本の一層の協議が必要だと主張した。前述した「日米関係の神話と現実」と題する演説のなかで岩佐は次のように述べている。

「最後は、日本はアメリカの「自動的同盟国」であるという神話であります。…多くの日本人は、日本に直接関係する重要な国際経済問題、アジアの政治・防衛問題について、米国から正当な相談をうけていないという感じをもっています。日本はアメリカにとって重要な存在であり、このような感じ方は早晩なくすようにしなければなりません。西欧以外で近代的産業と民主主義をうちたてた唯一の国として、日本は、民主主義と自由企業こそが経済近代化への最善の道であることを発展途上国に教えるよい実例であります。日本は発展途上国に対する経済援助、民間投資においても進んでその役割を果たす用意があり、すでに実行しています。しかし国際援助協力をより強力に行うためには、政府、民間いずれのレベルにおいても一層協議と協調がおこなわなければなりません。(57)」

岩佐は、稲山よりも日米が平等的な立場に立つことを一層強調しているように見える。だが、国際援助に関して日本が積極的に役割を果たす用意があり、これを実現するためには日米協調の強化が必要だという点において、岩佐の主張はアメリカの世界平和政策に日本が協力すべきだという稲山の主張と一致している。

日米関係に対する岩佐の認識と主張は、経済同友会の基本的な立場に表明された。一九六九年四月一六日に木川田一隆経済同友会代表幹事によって発表された「自由世界の新しい前進のために」と題する「所見」の中では、具体的に取り組むべき課題の一つとして「日米協調の新展開」が提示された。そして「今後の両国経済関係の交流増進は、いわゆる自由世界のイコール・パートナーとしての相互理解の基盤に立つ、互恵平等主義の新しい分業秩序を築きあげていくことによって、もたらされる」と記されている。(58)

このように、中国・アジア貿易構造研究センター設立を最初に稲山に持ち込んだ財界人の一人だった岩佐は、経済同友会の対米経済外交の中心役であった。岩佐は六〇年代に繰り返し訪米して米国経済人と緊密な交流関係を築き、日米経済外交において重要な役割を果たしていた。岩佐は同センターの設立直前には、日米経済協議会の世話役に選ばれ、緊迫化した日米経済関係の調整役としての役割を期待されていた。

岩佐の長女が大橋武夫元運輸相の次男に嫁いだ関係で、岩佐は佐藤栄作首相と遠縁ながら縁戚関係を結んでおり、近しい関係にあった。前述したように、アメリカの『フォーチュン』は一九六七年に岩佐をグローバリストの一人に選んだ。その際、『フォーチュン』は岩佐を「佐藤首相の密接な助言者」としている。(59)このように岩佐は、佐藤首相との関係から見ても日米関係の調整役に適任であった。(60)

岩佐は、自分の日中問題への取り組みは一九四二年六月に通貨工作員として上海に派遣され、そこで当時華興商業銀行を主宰していた岡崎嘉平太と出会ったことに始まると語っている。(61)だが岩佐はかつて二つの中国論を唱えるなど日中関係の打開に消極的な時期もあった。(62)その岩佐が日中関係の打開に積極的となったのは、日米経済関係の緊張がきっかけだと思われる。

前節に述べたように、財界団体の中で日中関係の打開に最初に乗り出したのは経済同友会である。経済同友会の中で中国政策の転換を主導したのは、当時の代表幹事だった木川田一隆だと思われる。(63)岩佐と木川田は、経済同友会がまだ複数代表幹事制の時代から経済同友会の代表幹事のコンビを組むこともあって、「同志」と呼び合うほど親密な関係にあった。(64) 経済同友会の中国政策転換において、岩佐が木川田にこれを強く勧め、サポートしたことは容易に想像できる。

さらに興味深いのは、こうした同友会の中国政策の方向転換の背景に岩佐が長い間提携関係を築いてきたCEDからのアメリカ経済人の了解・同意が存在したことである。一九六八年の輸出課徴金問題、一九六九年の繊維の輸出自主規制と自由化問題で日米経済関係は緊張が高まった。一九六九年一月に登場したニクソン大統領は、一九六八年の大統領選挙において南部の支持を得るために、南部の重要な産業である繊維産業の保護を公約した。この公約を実行するために、ニクソンは大統領就任後間もなく、「輸出国側の自主的ベースで解決するため関係国と討議したい」旨を発表した。これに対して、日本の繊維業界は応じない方針を確認した。また衆議院の商工委員会はアメリカによる繊維輸出自主規制要請に対する反対決議を、参議院の商工委員会はアメリカの繊維輸入制限阻止決議をそれぞれ採択した。一方、アメリカ議会および経済界においては繊維その他日本の対米輸出の増大に対する不満が高まっており、残存輸入制限や投資制限など日本の自由化の遅れがそれに拍車をかけていた。

こうした情勢の中で、スタンズ商務長官の五月来日を控えた一九六九年四月一六日、経済同友会の通常総会が開かれた。これに出席したピーターセンCED代表(Howard Petersen, CED政策審議会副委員長・国際問題委員長・フィデリティ銀行会長)が「日米関係の新課題」と題する特別講演を行い、その中で彼は日本と中国との関係について次のように語った。

「日米の協力を論ずるに当って、ぜひ強調しておきたいことは、私が、戦後日米両国の間に存在していたような古い関係の枠組みのなかで考えてはいない、という点である。われわれは新しい日本の世代が成熟を達成し、行動の自主性を勝ち取りたいと望んでいることを、理解もし、共感もしている。日本は世界情勢の中で、自主的かつ建設的な役割を果たす準備を持っている。このことは、とくに中国との関係において顕著である。日本は、ある程度の行動の自由と、変化をもたらす可能性を持っている。ところが、その可能性はアメリカには開かれていない。日本は中国との係わりにおいて、建設的な関係の道を開く立場にあるが、それは、この地域における安定の増大に資するものであろう。(65)」

このように、ピーターセンは対中国関係の打開に日本が自主的に行動したいことを了解し、同意していると経済同友会の財界人に明確に伝えていた。これはＬＴ貿易設立の際に、日中貿易拡大の動きにアメリカ経済人が強く反対した光景とは全く異なる。

ピーターセンは、一九四五年から四七年に国防総省の占領地域担当次官補を務め、この間日本を二回訪問した。ピーターセンは終戦直後の対日食糧援助問題に努力し、また日本の繊維産業復興のために米綿を供給する取決めをまとめるなど、日本の戦後復興に尽くした。また彼は、ケネディ大統領が「ケネディ・ラウンド」推進に着手したときには、大統領補佐官としてホワイトハウス入りし、「通商拡大法」の立案に当たった。このようにピーターセンは、アメリカの国際貿易のエキスパートでもあったのである。(66)

ピーターセンの講演の少し前の一九六九年二月、アジアの発展途上国の民間企業への投資を目的として、日・米・欧・加・豪先進五カ国、計一二〇社の民間企業が出資するアジア民間投資会社が設立され、岩佐がその初代の取締役議長に就任した。同会社の設立はアメリカの経済人から提案があったものであり、岩佐がこれを積極的に推進したことにより実現した。(67)アジア地域の経済開発に関して、岩佐はアメリカ経済人と緊密な連携関係にあったのである。

このように、木川田一隆、岩佐凱実ら経済同友会財界人の中国政策の変化の背後には、アメリカ経済人の了解・同意があった。岩佐らが中国・アジア貿易構造研究センターの設立に積極的に乗り出したのは、こうしたアメリカ経済人の支持を得たからである。そして、その大きな背景となったのは、ピーターセン特別講演のテーマでもある、繊維の輸出自主規制問題をめぐり一九六九年以降日米経済関係が緊張したことである。

中国・アジア貿易構造研究センターの設立を構想し、一九七一年五月に同センターが設立された後は、常任理事に就任した田中脩二郎は、一九七二年一〇月三日号の『エコノミスト』に掲載された文章において、次のように述べている。

「……いうまでもないことながら、対中一辺倒の財界人には私はお目にかかったことがない。……日本の輸出の三分の一も、アメリカ向けである。ニクソン大統領自ら五極構造を認めざるをえないアメリカの国力であるから、日本貿易の対米依存度は必ず低下するものと、私は思うが、当面財界人の第一義的関心事は、依然として対米経済関係である。アメリカからの干渉に屈することなく、日本の対中政策に自主性をもてというのが、中国側の年来の主張であって、アメリカのかわりに中国をえらべといっているわけではない。日本の対米貿易に代替しうるような市場の胃袋を中国が持っているわけでもない。日中貿易の魅力は、対米貿易と異なり、長期の発展性にある。(68)」

このように、財界人の当時の最大の関心事は緊迫化した日米経済関係であった。むろん、中国・アジア貿易構造研究センター設立に関与した財界人も例外ではない。岩佐は財界全体、稲山は鉄鋼業界を代表して対米経済関係の調整役を担っていた。そして、この緊迫化した日米経済関係こそが対中経済外交において対米協調・自主調整を唱える「稲山路線」の形成を促進したのである。

言うまでもないが、財界の自主調整派を代表する「稲山路線」が、日本の対中経済外交の中心的な路線となったことを説明するには、政府の役割を論じることが欠かせない。これについての説明は次章に述べる。

（1）この訪中を控えて、国貿促関西本部の理事会は一九七一年二月四日に関西財界訪中団の実現準備に着手することを決定した。『二〇年のあゆみ』（日本国際貿易促進協会関西本部、一九七四年）一〇頁、七五頁、木村一三「財界主流、日中復交に大きく貢献　中国は改革、開放へ」（木村一三『木村一三随想録』日中経済貿易センター、二〇〇三年）一九二頁。
（2）「中国接近ムード強まる関西財界」（『財界』一九七一年四月一日号）一一八―一一九頁。
（3）「奇妙な中国問題研究機関の誕生」（『財界』一九七一年七月一五日号）一一二―一一三頁、「稲山訪中団への期待と不安」（『財界』一九七二年六月一五日号）二五頁。
（4）日中経済協会『日中経済協会三〇年の歩み』（日中経済協会、二〇〇三年）六頁。
（5）「緊張緩和は輸出規制で　稲山新日鉄社長に聞く」（『エコノミスト』一九七一年七月一三日号）二五頁。
（6）前掲「奇妙な中国問題研究機関の誕生」一一二頁。
（7）添谷芳秀『日本外交と中国　一九四五―一九七二』（慶應通信、一九九五年）二三九頁、李恩民『転換期の中国・日本と台湾――一九七〇年代中日民間経済外交の経緯』（御茶の水書房、二〇〇一年）三〇頁。
（8）植村甲午郎『人間・植村甲午郎――戦後経済発展の軌跡』（サンケイ出版、一九七九年）四一六頁。
（9）岩佐凱実『回想八十年――グローバリストの眼』（日本法制学会、一九九〇年）一八一頁。
（10）「日中改善に積極姿勢」『朝日新聞』一九七〇年四月二四日。

(11)「王暁雲と接触した日本財界二つの表情」(『財界』一九七一年六月一日号)一一頁。
(12)『経済同友会三十年史』(経済同友会、一九七六年)四六六頁。
(13)同右、四六七―四七一頁。
(14)前掲「王暁雲と接触した日本財界二つの表情」一〇―一一頁。
(15)今里広記『私の財界交友録』(サンケイ出版、一九八〇年)一七九―一八八頁。
(16)経済評論家秋元秀雄の話によれば、ピンポン外交のさなかに経済同友会の訪中ミッションの噂が流れていたとき、稲山は「いま中国へ財界ミッションを出せば、必ず政治論議が出る。そのときに日本の総資本が北京政府とどんな政治論議ができるのか。まさか中央財界が北京へ行って、反佐藤の共同声明を出すわけにはいかんじゃないか」という意見を述べている(「混迷する財界新時代」(『財界』一九七一年九月一日号)三九頁)。
(17)大嶽秀夫『現代日本の政治権力経済権力』(三一書房、一九九六年)三一八―三二一頁。
(18)前掲『回想八十年――グローバリストの眼』一二六―一二九頁。
(19)岡崎哲二・菅山真次・西沢保・米倉誠一郎『戦後日本経済と経済同友会』(岩波書店、一九九六年)一三八頁。
(20)前掲『現代日本の政治権力経済権力』三一六―三一七頁。
(21)稲山嘉寛『私の鉄鋼昭和史』(東洋経済新報社、一九八六年)一六四頁。
(22)「座談会　当面の景気動向と今後の景気政策」(『経団連月報』一九七〇年七月号)二七―二八頁、稲山嘉寛「安定成長へ話し合おう」『朝日新聞』一九七〇年八月四日、稲山嘉寛『日本経済の現状と将来――産業人の立場から』(内外情勢調査会講演シリーズ二八一、内外情勢調査会、一九七〇年)二一―三六頁。
(23)「座談会　転機に立つエネルギー政策」(『経団連月報』一九七〇年一〇月号)二八―四一頁。
(24)「座談会　国際経済環境とわれらの態度」(『経団連月報』一九七〇年一二月号)二四頁。
(25)伊達宗嗣「永野重雄――軍拡論を唱える財界一のフィクサー」(『現代の眼』一九八〇年八月号)二八二―二八三頁。
(26)前掲『私の鉄鋼昭和史』一五一―一五二頁。
(27)名和太郎『評伝稲山嘉寛』(国際商業出版、一九七六年)一五九―一六三頁
(28)日中経済協会『日中経済交流の現状と展望』(日中経済協会、一九七四年)一七七―一七八頁。

(29) 木村一三「日中経済交流を手がけて二〇年」(『財界』一九七二年九月一五日号)一一〇頁。
(30) 川勝傳『友好一路――私の「日中」回想記』(毎日新聞社、一九八五年)一四三頁。
(31) 永田敬生・峰永了作「訪中体験から提言する――日中経済交流の原則」(『季刊中央公論経営問題』第一〇巻第五号、一九七一年)二三〇頁。
(32) 前掲『戦後日本経済と経済同友会』一二〇頁。
(33) 前掲『日本経済の現状と将来――産業人の立場から』一三頁。
(34) アメリカ下院外交委員会調査団はアジア各地を視察した後に、一九七〇年四月二二日にバーグ(民主党)、ウルフ(共和党)両議員の連名で報告を提出した。報告の中では、日本の軍国主義台頭の動きを指摘し、こうした動きをアメリカが警戒する必要があると分析している(「米のみた『日本軍国主義』」『朝日新聞』一九七〇年四月二四日)。
(35) 前掲『日本経済の現状と将来――産業人の立場から』二〇頁。
(36) 前掲「緊張緩和は輸出規制で 稲山新日鉄社長に聞く」二五頁。
(37) 通商産業省通商産業政策史編纂委員会編『通商産業政策史』第九巻(通商産業調査会、一九八九年)五二五頁、五四六頁。
(38) 日本経済新聞社編『円切り上げその時どうなる』(日本経済新聞社、一九七一年)一四二―一四四頁。
(39) 東洋経済新報社編『円切上げの実際知識』(東洋経済新報社、一九七一年)一三六―一三七頁。
(40) 前掲「緊張緩和は輸出規制で 稲山新日鉄社長に聞く」二三頁。
(41) 「日本製の鉄鋼排斥」『朝日新聞』一九七一年六月二六日。
(42) 「座談会 第八回日米財界人会議を終えて」(『経団連月報』一九七一年八月号)二二頁、二三頁、三〇頁。
(43) 「座談会 日米経済の緊迫をどうする」『朝日新聞』一九七一年七月七日。
(44) 『通商白書』一九七一年版各論、二一―三頁。
(45) 同右、三〇頁、一〇九頁、一五二頁にそれぞれの輸出統計を参照。
(46) 経団連事務局「在外米系企業からの日本の輸入」(『経団連月報』一九七一年一一月号)七一頁。
(47) 「米、自由化の実行迫る」『朝日新聞』一九七一年六月一八日。
(48) 前掲『回想八十年――グローバリストの眼』一六六―一六八頁。

(49)「日米経済きょう発足」『朝日新聞』一九七一年四月二八日。
(50)森詠「岩佐凱実　金も口も出した企業合理化推進者」(『現代の眼』一九八〇年八月号)二八四—二八九頁。
(51)前掲『回想八十年——グローバリストの眼』一一五—一一六頁。
(52)前掲『評伝稲山嘉寛』七八—八〇頁。
(53)前掲『回想八十年——グローバリストの眼』一一八—一二〇頁。
(54)同右、一四三—一五九頁。
(55)同右、一七五—一七六頁。
(56)同右、二三頁、五九—六〇頁。
(57)岩佐凱実「日米関係の神話と現実」(前掲『回想八十年——グローバリストの眼』所収)。
(58)前掲『経済同友会三十年史』三八〇頁。
(59)前掲『回想八十年——グローバリストの眼』一七六頁。
(60)ちなみに、中国・アジア貿易構造研究センターの理事として名を連ねていた三人、すなわち、岩佐凱実、安西正夫昭和電工会長、堀田庄三住友銀行会長は縁戚関係で結ばれている。安西の長女は大橋武夫元運輸相の長男に、三女は堀田庄三の長男にそれぞれ嫁いだ。なお、安西は一九六九年春に「米国南部訪問経済使節団」の団長として訪米しており、この使節団をきっかけに一九七〇年に米国南部会が設立されることになったが、安西は同会の世話役を務めていた。(安西正夫「私の履歴書」日本経済新聞社編『私の履歴書』経済人一三、日本経済新聞社、一九八〇年、三八四—三八五頁、三七八—三七九頁)。
(61)前掲『回想八十年——グローバリストの眼』一七八頁。
(62)「中国接近を模索する財界」(『エコノミスト』一九七一年五月二五日号)七頁。
(63)前掲「王暁雲と接触した日本財界二つの表情」一一頁。
(64)前掲『回想八十年——グローバリストの眼』一二〇—一二五頁。
(65)前掲『経済同友会三十年史』三八四頁。
(66)同右、三八二頁。

(67)　前掲『回想八十年――グローバリストの眼』二〇五―二〇八頁。

(68)　田中脩二郎「新局面を迎えた日中経済交流」（『エコノミスト』一九七二年一〇月三日号）六五頁。

第三章　「稲山路線」の登場

日中国交正常化後間もなくの一九七二年一一月二二日、対中貿易の新たな組織、日中経済協会が設立され、稲山嘉寛が同会の初代会長に就任した。日中経済協会の設立によって、「稲山路線」はより制度的な形をとることとなり、対中経済交渉の主役として登場した。そして、日中経済協会を基盤に、日中長期貿易取決めが推進されることになった。本章では、日中経済協会設立によって、「稲山路線」が対中経済外交の中枢的政策路線となって展開されるに至るまでの過程を追跡し、「稲山路線」登場の経過を説明する。

第一節　円再切り上げ回避と「秩序ある輸出」政策

前章において説明したように、一九七一年五月に中国・アジア貿易構造研究センターが設立された当時、日本財界人の最大の関心事は日米経済関係の緊張であった。とりわけ、アメリカによる円切り上げの圧力が次第に強くなり、日本の産業界はこれに強い危機感を持っていた。また、産業界だけではなく、一部のエコノミストを除いて、日本国内の世論は概ね円切り上げに反対していた。そのため、円切り上げをいかに回避するかは政府の最大の政策課題となっていた。円切り上げを回避するため、一九七一年六月四日、佐藤内閣は輸入・資本移動の自由化を重点に置く、対外経済政策八項目を決定した。しかし、その実施を待たずに、八月一五日、アメリカ政府はドルの金兌換停止と輸入課徴金の導入などのドル防衛策を発表した。政府は、ドルの買い取りによって一ドル＝三六〇円の固定相場制を独自に維持しようとしたが、八月二八日にはやむを得ず変動相場制に移行した。その後、ＩＭＦ総会、十カ国蔵相会議での話し合いに基づいて、一二月一九日、円はドルに対し一六・八八％切り上げられ、一ドル＝三〇八円に変更されることが決定され、一二月二〇日から実施された。

問題は、円が切り上げられたにもかかわらず、日米貿易の不均衡、つまり日本の対米貿易黒字の増大が依然として解消されなかったことである。一九七二年に入ると、円切り上げの危機が再燃した。財界の自主調整派を中心とする中国・アジア貿易構造研究センターが、通産省の主導のもとで日中経済協会という官民協調の組織に発展した背景には、このような対外経済関係の危機が存在したのである。本節ではまず、円切り上げの危機の中で、通産省の政策志向がどのように変化したのかを考察する。

一　「秩序ある輸出」論の浮上

通産官僚は従来、輸出規制を行い、輸出の秩序化によって対米貿易摩擦問題に対応することを望んでいなかった。第一章で述べたように、アメリカ政府の輸入課徴金の増設を阻止するために一九六八年三月に訪米した稲山は、鉄鋼の対米輸出自主規制をアメリカ政府に提案した。その際、熊谷典文事務次官をはじめ通産官僚は自由貿易を原理・原則とする観点から、これに反対した。

一九五〇年代まで通産省は、輸出秩序の確立ならびに相手国における市場混乱の防止による輸出の安定拡大を目指す観点から、輸出自主規制の必要性を唱えていた。しかし、一九六〇年代以降、輸出自主規制はアメリカの輸入制限を回避することに重点が置かれるようになった。通産省はこのことがアメリカ側からの半ば強制による輸出自主規制の増加に繋がることを危惧した。そして、「このような強制された自主規制が増大することは、実質的な対日輸入制限の拡大を意味するものであり、世界的な自由貿易の潮流に逆行するものである」という認識を示し、その撤回を強く訴える必要があると主張していた(1)。

輸出自主規制に対する通産官僚のこのような考え方は、日米繊維交渉の初期においても強調された。たとえば、一九六九年四月号の『経団連月報』に掲載された「残存輸入制限に関する問題点」と題する文章において、小松勇五郎通商局国際経済部長は、すでに行われている綿製品や鉄鋼の対米輸出自主規制、また繊維製品全体について輸出自主規制の世界的協定を作り出そうとするアメリカの動きは、「いずれも『強制された自主規制』または『変形された輸入制限』とよばれている。自由貿易の原則に反するものであることは確かである(2)」と述べている。通産省は輸出自主規制に反対する繊維業界の主張に同調し、自由貿易原則の重要性を強調したのである。

しかし、日米貿易摩擦の深刻化に従い、通産省も次第に輸出自主規制の必要性を認めざるを得なくなった。一九七〇年一月、第三次佐藤内閣が発足し、大平正芳に代わって宮澤喜一が通産相に就任した。宮澤通産相は輸出自主規制の受け入れを模索し、「総枠規制・一年期間」の輸出自主規制を行う構想をもって同年六月に訪米した。

しかし、スタンズ商務長官との交渉は合意に至らず、決裂した。その後、日本製のカラー・テレビのダンピング問題が摘発され、無秩序な日本の輸出を批判する根拠としてアメリカ国内で大きく取り上げられるなど、日本の輸出への批判がさらに高まった。そうした中、通産省内で浮上したのが、これまでの自由貿易論とは異なる輸出秩序論、「オーダリー・マーケッティング」(orderly marketing)論(以下、「秩序ある輸出」)である。

一九七〇年八月二八日、宮澤通産相は、日本記者クラブ主催の昼食会において「当面する通商政策」と題する講演を行った。この場で宮澤は、アメリカの保護貿易主義化と日本の貿易自由化の限界という二つの情勢から「国際貿易は今後これまでのガットによる自由貿易の原則から各国の話し合いなどで秩序ある輸出を維持する体制であるオーダリーマーケティングの方向へすすむことになろう」と指摘した(3)。

続いて、九月一日の閣議後の記者会見で宮澤は、金属洋食器の対米輸出について、「毎年五〇%も伸びるのは、だれが考えても問題を起こしやすい。業界もその辺の事情がもうそろそろわかっていいはずだ」と述べ、輸出秩序を維持する必要がある考えを示した。また、九月三日の記者会見において大慈弥嘉久事務次官は「輸出の伸び率が三〇―五〇%と高く、摩擦を起こしそうな品目を洗い、その業界と相談して、対策を考えていきたい」と述べ、「秩序ある輸出」政策の導入を示唆した(4)。

また、原田明通商局長は「貿易拡大に新しい論理」を題する文章を一九七〇年九月二九日号の『エコノミスト』誌に寄稿した。原田はこの中で「国際化時代において、日本の経済と貿易を世界の各国、先進国および発展途上国とのあいだに調整し、調和を保ちながら進むための、基礎観念としてオーダリー・マーケティング〔ママ、マーケッティング〕はむしろ予防的な観点をまじえて推進しなければならない」と述べ、「秩序ある輸出」論を展開した(5)。

一九七一年六月に発表された『一九七一年通商白書』において、通産省は今後の通商政策の基本的な立場として「秩序ある輸出」の主張を次のように書き入れた。

「特定品目の特定市場に対する急激な輸出の増大や過度の集中により、相手国の国内産業に重大な被害を与え、不用の混乱を惹起するような事態は、極力回避すべきであり、輸出側においても、この点十分留意した輸出の遂行をはかることが必要である。しかし、このようなオーダリー・マーケッティングは世界経済および貿易の現状を固定し、劣後産業の非合理的な保護を目的としたものであってはならない。また、人為的、機械的に輸出の合理的拡大を抑制することを目的とするものであってはならない。むしろ、これは自由貿易の原則を前提とすべきものであり、それを維持し、擁護するためのものでなければならず、基本的には世界貿易の安定的拡大を目標としたものでなければならない。各国の経済は、それぞれの特性をもっており、変化に対応するために必要な時間もことなってくる。したがって我が国の貿易業界としても、相手国の競合産業の状況、社会変化の大きさと速度から生じる影響の度合、一般的経済情勢の動向等についてもきめ細かな情報を常時把握し、自主的判断のもとに適切なテンポと秩序をもって貿易を進めてゆくことが必要である。これにより無用の摩擦を回避し、相手国における産業調整が円滑に行われることを期待し、結果として、双方とも国際分業の利益を享受し、長期的観点から世界貿易の発展を期待しうる体制に移行せしめるよう努力すべきである。このためには、政府、ジェトロその他の関係機関ならびに民間各業界が所要の情報システムを確立し、適切な判断を下しうる体制を早急に形成することが必要である。(6)」(傍線邱)

このように、一九七〇年秋以降「秩序ある輸出」論が展開された。通産省はこれまでの自由貿易論を原則としつつも、貿易摩擦回避のために輸出秩序を維持する必要があることを認めるようになったのである。

二 「秩序ある輸出」の確立をめぐって

「秩序ある輸出」の確立は、一九七一年六月、円切り上げ回避を目的とした対外経済政策八項目の第七項目として挙げられ、円切り上げ回避の公式の政策となった。だが、その具体化に着手する前に、一九七一年八月のニクソン・ショック以降の対外経済関係の激変により、円切り上げが決定した。これにより「秩序ある輸出」への通産省の関心も一旦は消滅した。しかし、一九七二年に入ると円切り上げの危機が再燃し、通産省は「秩序ある輸出」政策の具体化を迫られるようになった。

一九七一年一二月のスミソニアン合意により円が大幅に切り上げられたにもかかわらず、日本の輸出は急増した。一九七二年一月末、外貨準備高は一六〇億ドルに達した。二月四日、欧州の通貨不安再燃の影響を受けて、東京外国為替市場でドルが急落し、円は新基準相場一ドル＝三〇八円を突破した。三月に至ると、日本に対する欧米の反ダンピング攻勢が激しくなり、このことは佐藤内閣を慌てさせた。三月三一日の閣議において、佐藤栄作首相は「秩序ある輸出」の指導強化を田中角栄通産相に指示した。(7)

円再切り上げ回避のために、通産省が唱えた主要な政策的主張は「秩序ある輸出」の確立ではなく、外貨活用と内需拡大であった。前者は、貯まった外貨を活用し外貨準備を減らすことによって、円切り上げを回避しようとする考えである。具体的には、外貨を民間に貸し出す「外貨貸し制度」の創設などであった。後者は、内需拡大によって輸入の増加と輸出圧力の軽減を図り、円切り上げを回避しようとする考えである。具体的には、大型補正予算を編成し、追加的な景気刺激策をとることであった[8]。通産省は円再切り上げ回避のために、「秩序ある輸出」の確立に本格的に乗り出すことには消極的だったのである。あくまでも貿易の拡大均衡を図る通産省は、場合によっては「秩序ある輸出」の必要があると認めながらも、業界に対する指導を積極的に行おうはしなかった。通産省の基本的な立場は、業界の自主調整に任せるべきというものだったのである[9]。

これに対し、円再切り上げ回避のために「秩序ある輸出」の確立を強く主張したのが大蔵省であった。田中通産相の「外貨貸し制度」の提案に対し、大蔵省はインフレの要因になる恐れがあるとして反対した[10]。円再切り上げ回避のためには外貨をこれ以上増やさないよう、輸出を直接抑制する必要があるというのが、大蔵省の考えであった。大蔵省は輸出規制の特別立法の作成を進め、一九七二年四月には「輸出規制法案」(仮称)をとりまとめた。この法案の要点は、①特定の輸出品が特定の市場、国に集中して相手先の国内市場を混乱させる恐れのある場合、通産大臣は業界に輸出カルテルの結成を指示することができる、②それでも効果がない場合は、輸出カルテルに参加しないで輸出を相変わらず増加させている企業や、カルテルが甘い業界の輸出品に課徴金をかけて輸出を制限できる、の二点であった[11]。

こうした大蔵省の圧力のもと、通産省は輸出秩序の維持に対してより積極的に乗り出さなければならなくなった。一九七二年三月の佐藤首相の指示の後、通産省は自動車等輸出業界への行政指導の強化を進めた。また、輸出課徴金の徴収にはあくまで反対したが、通産大臣の勧告によるカルテルの結成および内容の変更ができるよう、輸出入取引法を改正することは受け入れた。輸出入取引法の改正は、一九七二年五月に閣議に決定された対外経済緊急対策(いわゆる新・円対策)に盛り込まれた[12]。

輸出課徴金の導入は対外経済緊急対策では、見送られたが、一九七二年九月の田中首相の発言により、実現の可能性が再び高まった。一九七二年八月三一日から九月一日にかけてハワイで行われた日米首脳会談において、田中は「合理的な期間に不均衡をより妥当な規模に是正する」ことを公式に約束した[13]。帰国後、九月七日の経団連との朝食会において、田中は「二、三年間以内に対米不均衡を是正するとのハワイ会談での約束を実行するため、貿易の大幅黒字の縮小が絶対至上命令であるが、そのためには輸出を強制的に抑える手段を盛り込んだ対外経済調整法を制定する必要がある」と述べ、「例えば輸出課徴金のような方法も考えられる」として、輸出課徴金の導入を示唆した。この発言を受けて、大蔵省は輸出課徴金制度創設の検討を再開し、これを新しい円対策に盛り込もうとした[14]。

輸出課徴金の導入を大蔵省に献策した、大蔵省顧問の細見卓は、輸出課徴金の創設を主張した理由を後に次のように述べている。

「私自身は、四十七年末ごろは真剣に輸出税の採用を考え、その旨献策していた。円は本質的にさほど強い通貨と考えられないし、石油・食糧問題など国際貿易の将来が予断できぬから、アメリカの課徴金をいわば日本側で課しておけば、貿易収支の状況しだいで、アメリカに頼まずとも勝手に調整できて都合がよいと考えていた。アメリカの議会筋の人たちの来日のつどの接触を通じて、アメリカの課徴金制度創設の意図の強いことを感じたから、相手側に課税・非課税の権限と税金が帰属する課徴金賦課を無効にして、課税の権限と裁量に合わせて、税金収入が自国に確保できる輸出税のほうがはるかに賢明と思った。日本の産業に課した輸出税ならば、日本で企業転換の調整援助資金として使われるので、課徴金として没収されるのとでは雲泥の差である。」[15]

しかし、通産省は次のような理由を挙げて輸出課徴金の徴収に反対した。第一に、徴収が技術的に不可能に近く現実問題として論外であること、第二に、円再切り上げへの過渡的措置として受け取られる危険性があること、第三に、輸出課徴金さえ出せば輸出を増やしてもよいというムードが産業界に広がり、企業間の過当競争を誘うことになる恐れがあること、そして輸出してから法人税を納めるまでにかなり時間がかかるので、輸出を規制する直接の効果が鈍いことなどである。[16] 田中発言の同日、両角良彦通産事務次官は貿易収支の均衡回復を目的とした対外経済調整政策として、政府の権限で特定の商品の輸出を制限できるよう輸出貿易管理令を機動的に運用できるよう改正したい旨を表明した。[17] 輸出課徴金の導入を阻止するために、通産省は貿易管理令の発動を示唆したのである。

一方、産業界も大蔵省の輸入課徴金の導入には反対だった。とりわけ稲山は、輸出課徴金を課せられる恐れのある鉄鋼業界を代表しており、これに強く反対した。[18] 稲山は日米貿易不均衡問題は輸出自主規制で対処すべきだと主張し、円切り上げを含めた金融手段によって貿易不均衡を調整することには反対の姿勢をとった。

稲山はこの時期、次のように述べている。

「要するに円を切り上げなければ、アメリカへの日本の輸出が減らないだろうというわけですよ。しかし、それはただ思いつきの議論で、じゃどの程度切り上げたらということになると、日本の品物が入ってこない程度の率にしろということですね。つまり円切り上げ論は、日本品が入ってくるとおれが困る、というようなところから出発したものですが、私は解決策にはならんと思う。私は自主規制しかないと思う。つまり、現代はカネの世界じゃなくて、結局は物だということになってきたわけです。国内の経済でも、金融とか財政とかカネの政策で操作できるのは、マクロの問題だけであって、いまの社会ではこれだけではなかなか解決困難な複雑問題が増加しているのです。われわれ人間が生活でほしいのは、物なんだということをみんな忘れちゃいけないんです。だから日本の対米輸出がどんどん伸びて国際収支がどうした、こうしたといっても、アメリカ国内に物が入っていくから困るんです。だから、その物を直接に押さえなければ、解決されない。物々交換のようなやり方で、国際収支上のバランスをとることですね。それをカネで解決できるかというと、そんなにうまいぐあいにはできないんです。[19]」

一九七二年一一月一四日、経団連で開かれた座談会に出席した稲山は、円切り上げ問題は主に対米問題だという認識を示したうえで、これを回避するには「貿易管理令を発動してもいいから、とにかく輸出についてはアメリカの景気が回復するまでは、みんなが自粛してやっていくことが円の切上げを回避する唯一の方法」だと主張した。[20]また、円対策のための内需拡大について稲山は、「輸出のうち、主なものは工業生産品ですから、設備ができると多々ますます弁ずるということで薄利多売をするわけですね。そこで国内の需要がふえれば輸出は減るかというと、輸出はふえたほうがいいのだし、多々ますます弁ずるということで輸出がふえるかも知れないがそういうことでは解決できない。やはりコントロールを必要とするときにはコントロールするという考え方に立たないと、対米問題は決着がつかない」と、否定的な意見を述べている。[21]

結局、田中首相は一〇月六日「いま結論を出すのは早すぎる」という意見を述べ、輸出課徴金制度新設の結論は先送りされた[22]。一方、輸出貿易管理令の機動的な運用は一九七二年一〇月に閣議決定された「対外経済政策の推進について」(いわゆる第三次円対策)の重要項目として盛り込まれた。通産省はついに輸出貿易管理令の発動に踏み出し、輸出調整に本格的に取り組むことになったのである。

このように、一九七二年一一月に日中経済協会が設立された前後、通産省と稲山は「秩序ある輸出」政策の必要という点で共通の認識を持っていた。こうした共通認識から「稲山路線」は対中経済外交の中心的な路線となった。輸出秩序を確立するため、一九七二年一月二六日、経団連の通商対策委員会は「秩序ある輸出」推進委員会の設立を決定し、三月にこれを正式に発足させた。稲山はこの委員会の中核メンバーであった[23]。「秩序ある輸出」の推進において、業界のリーダーとしても、財界のリーダーとしても重要な役割を果たしてきた稲山の協力を通産官僚が求めていたのである。次節に述べるように、官民協調の観点から通産官僚は稲山の日中経済協会の会長就任を積極的に推進した。

第二節 日中経済協会の設立

対中貿易の再開に対応して、通産省は一九七一年に新しい対中貿易組織の設置計画に着手した。通産省は一九七二年度の予算編成において、日中経済関係のあり方や当面の貿易・経済政策について検討するために、政府と民間経済界が共通認識を形成するための場として、中国経済関係を研究調査するための新しい組織の設置を要求した。一億九〇〇〇万円の設立費を見込んだ中国経済センターの設置計画である。大蔵省との予算折衝を経て、二〇〇〇万円の予算で同センターの設置準備が決定した[24]。これが最終的に稲山を会長とする官民協調の日中経済協会の設立に結実する。以下この経緯を説明する。

一 「日中経済センター」構想をめぐる経済界の対立

一九七二年七月七日、第一次田中内閣が発足し、日中国交正常化の動きは一気に加速した。同年七月一〇日、中日友好協会の副秘書長であった孫平化が中国上海舞劇団団長として訪日した。七月二二日、孫と大平正芳外相の会談が行われ、田中角栄首相の訪中についての具体的な交渉が始まった。七月二六日、通産省は国交回復以後の日中貿易は政府間の貿易協定を中心とし、覚書貿易を終了させる方針を明らかにした。一方で、田中首相訪中直後に政府間の通商協定が締結されたとしてもそれへの移行準備が必要と判断して、一九七三年度は覚書貿易を継続させることを併せて決定した[25]。九月九日、自民党衆議院議員の古井喜実、田川誠一らが田中訪中の事前交渉のために訪中し、中国側と会談した。会談の中で日本側が「国交回復後も、一年くらいは覚書貿易を残務整理として続けて行う必要があると思う」と述べたのに対して、中国側も賛成の意を表明し、覚書貿易の一年延長が決定した。周恩来総理の「覚書貿易事務所の職員が失職するのではないか」との問いに対し、古井は政府間貿易になってからも、民間貿易の調整のため、何らかの調整機関が必要であると答えた[26]。

田中内閣の通産相に就任した中曽根康弘は、この会談の二日後、政府間協定のもとに覚書貿易と友好貿易など民間貿易ルートを統合する方針を打ち出した。その一環として中曽根が提起したのが、官民合同による「日中経済センター」の設立構想である。九月一四日、中曽根通産相は大阪市で開かれた中国問題懇話会[27](座長＝佐伯勇大阪商工会議所会頭)に出席し、「日中経済センター」(仮称)を設立する、との構想を披露した。中国問題懇話会は一九七一年九月(一五—二八日)に関西財界訪中代表団が訪中した際、帰国後、参加メンバーを中心に結成されたものである。中曽根は、同センターを人事交流、調査、情報サービスの三つの機能を兼ね備えた官民合同による組織として設立し、政府所要資金は自転車振興協会の財源から三億円を充てることを示唆した(28)。

中曽根が「日中経済センター」の設立構想を明らかにして以降、同構想の受け入れをめぐって、財界内部で対立が繰り広げられた。対中経済交渉を進めるための組織を官民協調で設立するか、民間主導で設立するかをめぐって、財界の自由放任派と自主調整派の対立が再度表面化したのである。

木川田一隆、岩佐凱実、稲山ら自主調整派は官民協調のセンター設立構想を支持した(29)。この時期、通産省と中国・アジア貿易構造研究センターとの連携はすでに進められていた。一九七二年八月二二日、稲山を団長とする日本経済人訪中団が中国を訪問した。この訪中団は中国・アジア貿易構造研究センターのメンバーを中心としていた(30)。訪中前日の八月二一日、中曽根通産相は稲山に会い、渤海湾での日中共同石油開発について中国側への打診を依頼した(31)。また、日本経済人訪中団が帰国した後の九月四日、小松勇五郎通商政策局長が中国・アジア貿易構造研究センターの常任理事田中脩二郎を呼び出し、「日中経済研究センター(仮称)」設立への協力を要請した。この要請を受けて、研究センターのメンバーは、同センターを通産省の言う新しい組織へ発展的に解消することを決定した(32)。

一方、政府からの自立を主張する傾向が強い関西財界、日本商工会議所、経団連は、「日中経済センター」設立構想に反対し、民間の自主性を強調した。「日中経済センター」設立構想が発表される以前から、関西財界、日本商工会議所、経団連は、国交正常化後は民間独自の対中貿易組織である日中経済合同委員会を設立する計画を進めており、永野重雄日本商工会議所会頭・新日鉄会長を日本側のリーダーに据えることで一致していた。

一九七一年一一月、永野重雄は東京経済人訪中団の一員として訪中し、この場で中国実業人と日本財界による「日中経済合同委員会」を設けることを中国側に提案した。[33] この提案に先立ち、同年九月一五日、佐伯勇大阪商工会議所会頭・中国問題懇話会座長を団長とする前出の関西財界訪中代表団が派遣され、これに参加した永田敬生関西経営者協会会長・日立造船社長により「合同委員会」設置の打診はすでに行われていた。中国国際貿易促進委員会代表であり、中日覚書貿易事務所代表の白相国中国対外貿易部長との会談において、永田は「佐藤政府に圧力をかける場合や、日中交易の大きな運動を起こすためには強力なグループの結成が必要となる。日台条約破棄を政府に迫るにも民間の個々の力では働きかけることはできない。その母体となるものとして、関西が中心となって東京と力を合わせて準備を進めていきたい。そして国交正常化と同時に正式の合同委員会にもっていきたい」と述べたのである。[34] 帰国後、関西財界訪中団団長の佐伯は、永野と連絡をとり東京財界としてまとまって同構想に協力するよう話を持ちかけた。しかし、東京財界には既述のような対立が存在したため、日商ベースで日中経済合同委員会設立を推進することになった。[35]

一九七二年七月二九日、来日中の中日友好協会副秘書長孫平化との会談において、佐伯勇の依頼を受けた永田敬生は中国側に再度「日中経済合同委員会」設立を申し入れた。[36] また八月四日、石井健一郎大同製鋼社長ら名古屋訪中経済使節団が、中国国際貿易促進委員会の責任者だった劉希文と懇談し、この場で、東京、大阪だけではなく名古屋、九州の財界を網羅した「日中経済合同委員会」の設立を要望した。[37] 八月一〇日、日本商工会議所、東京商工会議所が主催した孫平化、肖向前中日備忘録貿易弁事処駐東京連絡処首席代表の歓迎会で、会頭の永野重雄は十一大都市日本商工会議所の正・副会頭の合意に基づき、その代表として「日中経済合同委員会構想」を中国側に正式に提案した[38]。そして、一二日に孫、肖と懇談した際、植村甲午郎経団連会長も「日中経済委を設立してもいい時期を迎えた」と述べ、同委員会の設置で日商と経団連が足並みをそろえた[39]。

九月一四日に中曽根通産相が「日中経済センター」設立構想を明らかにした後、永野重雄は九月二〇日の日商会頭・副会頭の会議後の記者会見で、日中国交回復後の両国経済交流の進め方について「経済交流のプロジェクトにはいろいろあり、これを一つの窓口で処理することは難しい。日ソ間の経済交流と同じように、経団連と日商のような民間経済団体が中国側と経済交流の委員会をもち、交流のすすめかたを話合うと同時に石油や石炭など、それぞれのプロジェクトについては専門の業界代表による部会に委嘱して処理する方が現実的だ」と語り、日商と経団連の主導のもと「日中経済合同委員会」設立を推進する意向を示した[40]。これに呼応するように、植村甲午郎経団連会長も九月二一日の日本商工会議所通常総会の懇親パーティーで、八月一五日の経済懇談会において中曽根通産相が提案した官民合同訪中使節団とは別個に訪中する考えを示し、財界は独自の立場から中国と接触することを強調した[41]。

また、九月四日、関西経済連合会は国交回復後の日中経済交流の促進について、公式の要望書を提出した。中国関係の公的機構の関西設置が含まれるなど、同要望書は、関西経済界が東京とは別に自主的な形で中国と交渉活動ができるよう希望する内容であった[42]。「日中経済合同委員会」構想をバックアップしてきた中国問題懇話会は、中曽根通産相の民間貿易統合の構想には反対であり、永田敬生は「窓口一本化は自由主義経済を踏みにじるようなもの。中国も望んでいまい」と述べた[43]。

さらに、友好貿易の中心的な組織であった日本国際貿易促進協会からも反対の声が挙がった。国貿促のある首脳は「貿易を伸ばすのは民間の役割。政府は民間企業が十分に力を発揮できるような支援体制づくりに専念すればよい」と述べ、官民合同の「日中経済センター」設立構想に反対した。[44] 中国・アジア貿易構造研究センター設立の時点から、国貿促内部にはすでに意見対立が存在した。中国・アジア貿易構造研究センター設立後、日本国際貿易促進協会はその機関紙の『国際貿易』(一九七一年七月二七日号)に「研究センターは国際貿易促進協会とは無関係だ」を題する文章を掲載し、同センター設立に対する国貿促の関与を明確に否定した。国貿促は、同センターは「周四条件」支持企業とそうでない企業を混同し、あたかも中国がそれを「認知」したかのごとき体を示しつつ、日中関係を打開する諸原則と四条件を薄め、日本経済の進路を既往の夢の再現にひきずっていこうとするものだと非難した。[45] この非難の背後には、国貿促内部の深刻な政治闘争があったとされる。そして、同センター設立に携わった田中脩二郎は、国貿促の要職を辞任することになった。[46]

二　日中経済協会の設立

財界内部の意見対立が表面化する中、通産省は両角良彦事務次官と小松勇五郎官房長が中心になって、永野重雄への説得と稲山の「日中経済センター」会長就任工作を進めた。当時財界内には永野を「日中経済センター」会長に推薦したグループもあった。しかし、通産省は永野の性格は激しく、官僚の言うことをそのまま聞き入れないだろうと考えた。そして永野ではなく、稲山を会長に据えようと考え、木川田一隆や河合良一に調整を依頼した。永野への配慮から稲山自身は会長就任に必ずしも積極的ではなかったが、木川田が稲山を説得し、産業問題研究会の場で稲山の会長就任が決定した。[47]

関西財界を取り込むため、稲山は日向方齊関西経済連合会副会長を通じて関西財界リーダーの「日中経済センター」への参加を要請した。日向は稲山の要請を受け入れ、鐘淵化学工業会長の中司清を関西本部長に推した。また、日中経済協会関西本部を大阪に設置することが決定した(48)。関西財界は「日中経済センター」の参加を主張する日向と、「日中経済合同委員会」設置を推進する佐伯勇に分裂し、独自の対中貿易組織設立の構想は実現しなかった。

一九七二年一〇月一八日の午後、産業問題研究会の例会の会場と同じ、東京丸の内のパレスホテルで日中経済協会の発起人会議が行われ、日中経済協会の設立が公式に決定された。当初予定の「日中経済センター」の名称は、協会の常任顧問として迎えられた岡崎嘉平太が横文字を嫌ったため、日中経済協会に変更された(49)。

会議のなかでは、協会の運営について人事、資金、目的などの具体的な事項が決まった。稲山会長、岡崎常任顧問のほか、中司清鐘淵化学工業会長、土川元夫名古屋鉄道会長が副会長に、河合良一小松製作所社長が理事長に内定した。また、植村甲午郎経団連会長、芦原義重関西経済連合会会長、木川田一隆経済同友会代表幹事、永野重雄日本商工会議所会頭、佐伯勇大阪商工会議所会頭ら財界首脳が顧問として名前を連ねた。

協会の基金については、通産省が一九七二年度の機械振興基金から三億円の補助金を出し、それを呼び水に経済界から同額の寄付金を集める方針が決まった(50)。また、通産省からは北山昌寛元福岡通産局長が協会の専務理事として派遣されることも決定した(51)。

植村甲午郎経団連会長を含む財界首脳が顧問として名前を連ねたことによって、日中経済関係についてオール財界の協力体制が成立したかに見えた。しかし、実際には「日中経済合同委員会」を推進したグループとの対立は残ったままだった。稲山は、会議後の記者会見で、「日中経済合同委員会は日中経済関係のビジョンづくりなどはしないだろうから、新協会とは性格が異なっている。もし同じような問題を扱うことになったら、財界内部で取り扱いを調整したいと思っている」と語り、財界内部でなお意見が分かれていることについて直接のコメントを回避した。(52)

一一月二一日、通商局長小松勇五郎ら政府関係者の出席のもと、財団法人日中経済協会の設立総会がホテル・ニューオータニにおいて開催された。設立発起人の河合良一から日中経済協会設立に至るまでの経緯が説明され、寄付行為、予算などの審議の後、会長、理事長、理事、顧問など協会役員の人選が決定した。こうして協会活動のスタートが切られた。(53)翌二二日、通商産業大臣の認可を得て、同協会は財団法人として公式に設立された。(54)総会で公表された「財団法人日中経済協会設立趣意書」では次のように述べられている。

「これまで我が国経済界においては、日中両国間の経済関係のあり方について必ずしも明確なビジョンが確立されているとはいい難く、また中国の経済等に関する正確な知識に欠ける面が少なくないことを認識せざるを得ません。このような現状にかんがみ、中国に関する正しい知識と理解に基づいて両国間の経済関係に関する長期的なビジョンを確立し、その上に立って各種の経済交流を推進する体制をつくり上げていくことが文字通り焦眉の急務と申せましょう。

こうした目的に資するため、われわれは中国をめぐる各種経済問題に関する正確な知識と情報を集積し、それを基礎として長期的な日中経済関係の展望をうるための研究活動およびその成果を含めて正しい情報を広く経済界に提供する情報サービス活動などを行うとともに、民間ベースでの経済交流を積極的に推進するため、我が国経済界共通の広場として、財団法人日中経済協会の設立を提案するものであります。

幸い、政府においても本事業の重要性を認識され、本協会の行うべき諸事業に対し、全面的に協力する方針を明らかにされております。[55]」

「設立趣意書」では、日中経済協会を民間ベースの経済交流を推進するための経済界の共通の広場と位置づけながらも、同時に政府が同協会の活動を全面的に協力することが強調されたのである。

三　中曽根・稲山官民合同訪中団

一九七三年一月一七日、中曽根通産相は、日中経済協会の首脳である、稲山会長、中司清副会長、土川元夫副会長、河合良一理事長、大久保任晴専務理事とともに官民合同で訪中に出発した。同訪中団には、小松勇五郎通商局長と内田禎夫市場第四課課長(中国市場担当)が随行した。中曽根の訪中は田中・大平に次ぐ閣僚の訪中であり、国交回復後初めての政府高官の訪中でもあった。その主要な目的の一つは、日中経済協会を日本政府が支持する経済交流の窓口として中国に紹介し、同協会の役割について中国と合意に達することにあった。[56]

一月一八日の周恩来総理との会談の中で、中曽根通産相が日中経済協会の発足を紹介したのに対し、周は「日中経済協会が発足したことは聞いているし、大いに歓迎する。今後協力してやっていこう」と回答した。また、中国側の窓口は中日国際貿易促進委員会(責任者・劉希文)とすると決定した。

中国側はこれまでの覚書貿易と友好貿易を段階的に調整するとの態度をとっていた。そのため、日中経済協会に覚書貿易事務所と国際貿易促進協会を吸収しようとする中曽根の考えには、中国側は必ずしも同調しなかった。一方で、双方は日中経済交流の進め方については、①覚書貿易や友好商社貿易を段階的に調整し、政府間の貿易協定に移行すること、②将来日本側の窓口となる日中経済協会は技術交流や人的交流、さらにこれまでの覚書貿易・友好商社貿易を支援する機能を果たすことなどで合意に達した(57)。一九七三年九月一八日、中国国際貿易促進会の責任者であった劉希文は大阪で中国問題懇話会の中心メンバーと懇談した際に、「日中経済合同委員会」の提案を公式に断った(58)。

以上に述べてきたように、中曽根通産相の官民合同の「日中経済センター」構想に協力して日中経済協会を設立したのは、中国・アジア貿易構造研究センターに参加していた自主調整派の財界人であった。また、日中経済協会の設立に際し、通産省は主導的な役割を果たした。第一に、通産省は日中経済協会の最初の構想者であり、またその推進者であった。第二に、通産省は同協会の設立基金ないし運営資金の主な貢献者であった。第三に、通産省は同協会の会長に稲山が就任することを主導した。最後に、通産省は官民合同訪中団の派遣を通じて、同協会の活動を中国側に保障した。これらの事実は日中経済協会が官民協調の組織であることを具体的に示している。これまでの先行研究は日中経済協会の設立における通産省の役割を、覚書貿易事務所と中国・アジア貿易構造研究センターの仲介役としてきたが(59)、この認識は正確ではない。また、日中長期貿易取決めの推進を含む日中経済協会の活動を民間経済外交の視点からのみ捉えるのも適切ではないといえる。

第三節　秩序ある対中貿易の推進

前節で引用した日中経済協会設立趣意書において明らかなように、日中経済協会設立の目的は、中国に関する

表3-1 友好貿易・LT(覚書)貿易の割合一覧表

	輸出		輸入		合計	
	LT・覚書	友好	LT・覚書	友好	LT・覚書	友好
1963	98.4	1.6	33.3	66.7	62.9	37.1
1964	48.4	51.6	25.3	74.7	37.1	62.9
1965	35.5	64.5	37.3	62.7	36.3	63.7
1966	31.7	68.3	34.2	65.8	33.0	67.0
1967	23.6	76.4	31.2	68.8	27.2	72.8
1968	19.4	80.6	22.8	77.2	20.6	79.4
1969	10.7	89.3	8.9	91.9	10.1	89.9
1970	8.8	91.2	10.2	89.8	9.3	90.7
1971	9.3	90.7	9.6	90.4	9.4	90.6
1972	11.0	89.0	6.5	93.5	9.0	91.0
1973	11.6	88.4	5.6	94.4	8.7	91.3

注 ①輸出，輸入および輸出入の合計は通関ベース。その他は契約ベース。
②1963年のLTにはビニロン・プラントの延べ払い分(2000万ドル)を含む。
出所『貿易政策』第106号および日中経済協会『日中覚書貿易の11年』により算出作成。笹本武治，嶋倉民生編『日中貿易の展開過程』(アジア経済研究所，1977年)13頁より引用。

正しい知識と理解に基づいて両国間の経済関係に関する長期的なビジョンを確立し、その上に立って各種の経済交流を推進する体制を作り上げていくことにあった。

当時、日中貿易の約九割を占めていたのは友好貿易であった(表3-1を参照)。中小商社が多数存在した友好貿易は、個別の商談を主としており過当競争を招く傾向にあった。さらに、国内不況と日米貿易摩擦の深刻化を背景として、一九七一年春の中国卓球代表団訪日を契機に、民間企業は競って対中貿易商談を展開した。一九七二年三月から四月にかけて来日した中国化合繊工業視察団を自社の工場に招くべく、日本の化合繊業者は競争を繰り広げ業界の焦りと窮状を露呈した。(60) 日中経済協会の設立によって、このような無秩序な対中貿易ラッシュが改善されていくことが期待されていたのである。言い換えれば、日中経済協会の設立は対中貿易の「秩序ある輸出」を推進するためであった。日中経済協会の設立に大きな役割を果たした、小松勇五郎通商局長は次のように語っている。

「ただその場合〔各種の政府間協定の上にたって本格的な対中経済交流が進められることを指す〕に日中貿易、日中交流ならなんでもござれということでやたらにブームを作り遮二無二乗り出して行くというい わゆるエコノミックアニマル的な態度は慎しまねばなりません。そのような熱に浮かされたブームは決して永続きするものではなく、長時的な友好関係を発展させて行く上に却って阻害要因ともなりかねません。お互いに相手の立場を尊重しながら冷静に判断し、相互に利益をもたらすような交流関係を大事に育っていくという考え方が必要だと思います。その意味で日中経済協会の今後の活躍に大いに期待したいと思います。[61]」

このように、通産省は日中経済協会が秩序ある対中貿易の確立に大きな役割を果たすことを期待したのである。秩序ある対中貿易の確立を目指して、日中経済協会は具体的にいかなる事業を展開したのか。一九七三年六月の『日中経済協会会報』の創刊号において、日中経済協会の事業に関して、稲山は次のように説明している。

「当協会の事業としては、当面、①長期的観点に立って、日中間の貿易取引の拡大に資するための諸問題について、中国の関係諸機関と協力して実施するとともに、長期的、計画的な日中貿易取引の促進をはかるため、両国間の業界毎の話し合いの場を提供する。②日中両国間の交流発展の諸条件を整備するため、通商協定をはじめ各種の政府間取決めに対する民間経済界としての意思を取りまとめるとともに、その準備作業に協力するほか、懇談会、委員会等の成果を基礎として、必要に応じ政府に対し施策の提言を行う。③日中間の技術交流を促進するため、必要な専門家の派遣、受け入れ、技術研究生の相互交換、技術使節団の派遣、受け入れのアレンジ、アテンド等の諸事業を行う。④従来必ずしも明確ではなかった日中経済交流の長期的展望について、調査研究を行い、日中経済関係について相互に理解と認識を深めるための情報サービス、啓蒙普及及び活動の諸事業を行うこととしています。(62)」

以上の説明によると、長期的、計画的に日中貿易の拡大を図るため、両国間業界毎の話し合いの場を提供するのが日中経済協会の第一の事業であった。また、対中通商政策に関して、民間経済界の意思を取りまとめ、政府に対し政策提言を行うことも日中経済協会の主要な事業であった。さらに、対中技術交流の推進、日中経済交流の長期展望の調査研究、情報提供などもその事業としていた。このように日中経済協会の活動は業界の意思疎通を促進することに重点が置かれていた。業界の協調を重視する稲山の考え、つまり「稲山路線」が、協会の運営に明確に反映されていたのである。こうして、対中経済外交において「稲山路線」が公式に登場した。

(1)『通商白書』一九六三年版総論、五五―五六頁。

(2) 小松勇五郎「残存輸入制限に関する問題点」(『経団連月報』一九六九年四月号)六四頁。なお、小松は、「米国の輸入制限を防止するために行われた自主規制」を総称していわゆる「強制された自主規制」と呼んでいる。一九六九年四月当時、米国の輸入制限を回避するために自主規制を行っていた品目はBTN四桁で数えて七三品目に及んでいた。代表的品目としては、日米取極に基づき行っていた綿製品関係の三八品目、業界とアメリカ政府との話し合いにより行っていた鉄鋼製品一七品目、政府間交渉の結果により行っていた壁タイル二品目・毛製スーツ一品目等があった。

(3)「国際貿易に転換期」『朝日新聞』一九七〇年八月二九日。

(4)「『輸出秩序論』の登場した背景」(『エコノミスト』一九七〇年七月二九日号)一九頁。
(5)原田明「貿易拡大に新しい論理を」(『エコノミスト』一九七〇年九月二九日号)一七頁。
(6)『通商白書』一九七一年版総論、四一三—四一四頁。
(7)通商産業省通商産業政策史編纂委員会編『通商産業政策史』第一二巻(通商産業調査会、一九九三年)一三七頁。
(8)「輸入ふやし拡大均衡を」『朝日新聞』一九七二年二月一八日。
(9)「輸出規制は業界判断で」『朝日新聞』一九七二年四月四日。
(10)「外貨貸し制度へ具体折衝始める」『朝日新聞』一九七二年三月二八日。
(11)前掲『通商産業政策史』第一二巻、一三四—一三五頁。
(12)「輸出を抑える立法」『朝日新聞』一九七二年五月二五日。
(13)「日米共同声明の全文」『朝日新聞』一九七二年九月二日。
(14)前掲『通商産業政策史』第一二巻、一三四頁、一四六頁。
(15)細見卓『激動する国際通貨』(時事通信社、一九八三年)二六頁。
(16)「見送られた輸出税構想」(『朝日ジャーナル』一九七二年一〇月二〇日号)一〇八—一〇九頁。
(17)前掲『通商産業政策史』第一二巻、一四六頁。
(18)前掲『通商産業政策史』第一二巻、一四八頁。
(19)「緊張緩和は輸出規制で　稲山新日鉄社長に聞く」(『エコノミスト』一九七一年七月一三日号)二三頁。
(20)「座談会　四八年年度度財政金融政策のあり方」(『経団連月報』一九七二年一二月号)二二頁。
(21)同右、二八頁。
(22)前掲『通商産業政策史』第一二巻、一四七頁。
(23)「経団連に近く発足」『朝日新聞』一九七二年一月一日、「秩序ある輸出へ具体策」『日本経済新聞』一九七二年一月二七日、「経団連会合日誌」(『経団連月報』一九七二年五月号)。
(24)熊谷善二・星野省也「特集　昭和四十七年度通商産業政策の重点」(『通産ジャーナル』第二三号、一九七一年一一月五日)二〇頁、「通産省に『中国課』新設」『朝日新聞』一九七二年一月一二日。

(25)「覚書貿易来年まで存続」『日本経済新聞』一九七二年八月二〇日。
(26) 田川誠一『日中交渉秘録――田川日記―一四年の記録』(毎日新聞社、一九七三年)三六〇―三六六頁。
(27) 関西財界訪中代表団に参加した財界人は次の通り。団長＝佐伯勇大阪商工会議所会頭・近鉄会長、副団長＝中司清関経連副会長・鐘紡化学会長、団員＝日向方齊関西経済連合会副会長・住友金属社長、室賀国威大阪工業会会長・倉敷紡績社長、永田敬生関西経営者協会会長・日立造船社長、山本弘関西経済同友会代表幹事・住友信託社長、佐治敬三関西経済同友会代表幹事・サントリー社長、川勝傳日本国際貿易促進協会関西本部副会長(川勝傳『友好一路――私の「日中」回想記』、毎日新聞社、一九八五年、一四四頁、「〝関西財界訪中ミッション〟同行記」『財界』一九七一年一一月一日号、一一八頁)。
(28)「日中経済センター　通産相が設立構想」『読売新聞』一九七二年九月一五日。
(29)「四分五裂する日中経済の窓口」(『財界』一九七二年一一月一号)九七頁。
(30) 日本経済人訪中団一行は、稲山のほか、岩佐凱実富士銀行会長、水上達三三井物産相談役、駒井健一郎日立製作所会長、出光計助出光興産会長、向坂正男日本エネルギー経済研究所所長、田中脩二郎中国・アジア貿易構造研究センター常任理事の各団員、ほかに随員を入れて計一三名であった(稲山嘉寛「中国を訪問して」(『経団連月報』一九七二年一〇月号)三〇頁)。
(31)「石油の共同開発を打診」『朝日新聞』一九七二年八月二二日。
(32) 添谷芳秀『日本外交と中国　一九四五―一九七二』(慶應通信、一九九五年)二四一頁。
(33)「同床異夢の財界訪中使節団」(『財界』一九七一年一二月一日号)一八頁。永野重雄は池田勇人内閣時代から小林中、水野成夫、桜田武と並ぶ財界四天王の一人と呼ばれ、自民党政府に強い影響力を持つ日本財界の代表的な存在であった。日華協力委員会の日本側の主要メンバーだっただけではなく、日・台・韓三国連絡委員会にも参加していた。そのため、永野の中国転向は重要な意味を持っていた。永野を中国に向かわせるよう舞台裏で働きかけた木村一三の談話によると、永野の中国転向は以前から準備が進められていたが、一九七一年七月のニクソン訪中声明以後表に現れるようになった(木村一三『木村一三随想録』日中経済貿易センター、二〇〇三年、一八五頁)。一九七一年八月三〇日、松村謙三の葬儀参列のために来日した王国権中日友好協会副会長と、木川田一隆代表幹事をはじめとする経済同友会の財界人が会談した際、永野がこれに加わったことが大いに注目された(「噂される〝財界中共使節団〟の裏」(『財界』一九七一年一〇月一日号)一〇八頁)。同年一一月一二日、永野は東海林武雄を団長とする東京経済人訪中団に加わって中国を訪問した。東京経済人訪中団の構成員は次の通り。団長＝東海林武雄元日本専売公社総裁・日本航空機製造社長、団員＝木川田一隆経済同友会代表幹事・東京電力会長、永野重雄日本商工会議所会頭・新日鉄会長、岩佐凱実富士銀行会長、今里広記日本精工社長、湊守篤日興リーサーチセンター社長、河合良一小松製作所社長、中島正樹三菱製鋼社長、山下静一経済同友会専務理事。木川田や永野が団長に就任しなかったのは正式な国交回復はまだ実現していなかったからであった（今里広記『私の財界交友録』サンケイ出版、一九八〇年、一八四頁）。

(34) 前掲『友好一路――私の「日中」回想記』一四九頁。
(35) 佐伯勇「日中正常化と財界の役割」（『エコノミスト』一九七一年一〇月一九日号）五三―五四頁。
(36) 「日中合同委設置を」『朝日新聞』一九七二年八月二日。
(37) 「日中経済合同委を」『朝日新聞』一九七二年八月五日。
(38) 「日中経済委設立を」『朝日新聞』一九七二年八月一一日。
(39) 「〝オール財界〟体制へ」『朝日新聞』一九七二年八月一三日。
(40) 「合同委設け推進」『朝日新聞』一九七二年九月二一日。
(41) 「中曽根氏と別個」『朝日新聞』一九七二年九月二二日。
(42) 社団法人関西経済連合会「日中国交正常化後の経済交流促進について」（『経済人』一九七二年一〇月号）二二頁。
(43) 「日中経済センターに賛否のウズ」（『エコノミスト』一九七二年一〇月二四日）。
(44) 同右。
(45) 「研究センターは国際貿易促進協会とは無関係」（『国際貿易』一九七一年七月二七日号）。
(46) 「奇妙な中国問題研究機関の誕生」（『財界』一九七一年七月一五日号）一一二―一一三頁。
(47) 名和太郎『評伝稲山嘉寛』（国際商業出版社、一九七六年）一一一―一一二頁。
(48) 峰永了作日中経済協会常務理事による証言（前掲『友好一路　私の「日中」回想記』二〇四頁）。
(49) 「発足した日中経済協会の狙い」（『財界』一九七二年一一月一五日号）二一頁。
(50) 「日中経済協」『朝日新聞』一九七二年一〇月一九日。日中経済協会の資金については、稲山により次のように説明されている。「本協会の基金としては、経済界からの寄付金と機械振興資金からの補助金によってまかなうこととし、向こう五年間で寄付金一〇億円（昭和四十七年度三億円）、補助金二〇億円（昭和四十七年度三億円計上ずみ）計三〇億円を計画して……長期ビジョン策定業務に対しては、昭和四十七年度（通商産業省）一般会計予算に計上されている二〇〇〇万円の中国経済調査委託費のうちの一部がこれに対し交付を受けることになっている。」（稲山嘉寛「日中経済協会の発足に当って」（『経団連月報』一九七三年一月号）五四頁）。以上の説明から通産省が同協会の主な資金提供者であったことがわかる。

(51) 「日中経済協会、来月中旬に発足」『日本経済新聞』一九七二年一〇月一九日、日中経済協会『日中経済協会三〇年の歩み』（日中経済協会、二〇〇三年）六頁。

(52) 前掲「日中経済協会、来月中旬に発足」。

(53) 「協会のあゆみ」（『日中経済協会会報』創刊号、一九七三年六月）四八頁。

(54) 前掲『日中経済協会三〇年のあゆみ』六頁。

(55) 「日中経済協会設立に関する資料」（『日中議連資料月報』第六五号、一九七二年一一・一二月合併）五―六頁。

(56) 河合良一「中国を訪問して――中曽根訪中団とともに」（『経団連月報』一九七三年三月号）八頁。

(57) 「通産相、周首相と会談」『日本経済新聞』一九七三年一月一九日。

(58) 李恩民『転換期の中国・日本と台湾――一九七〇年代中日民間経済外交の経緯』（御茶の水書房、二〇〇一年）三四頁。

(59) 日中経済協会の設立に関する主要な先行研究には次の二つがある。①添谷芳秀『日本外交と中国 一九四五―一九七二』（慶應通信、一九九五年）。②李恩民『転換期の中国・日本と台湾――一九七〇年代中日民間経済外交の経緯』（御茶の水書房、二〇〇一年）。両者はともに、日中経済協会は覚書貿易グループと中国・アジア貿易構造研究センターのメンバーを中心に、通産省が仲介役を果たすことによって設立されたと指摘している。

(60) 「〝中国旋風〟の一ヶ月」『朝日新聞』一九七二年四月一六日。

(61) 小松勇五郎「中国への二度の旅から」（『日中経済協会会報』創刊号、一九七三年六月）三一頁。

(62) 稲山嘉寛「会報発行にあたって」（『日中経済協会会報』創刊号、一九七三年六月）。

第四章　「稲山路線」の展開

一九七二年一一月、日中経済協会会長に就任した稲山嘉寛は、一九八〇年五月に経団連会長に就任するためその座を土光敏夫に譲るまで、八年近く同協会の会長を務めていた。その間、稲山は毎年訪中した。日中国交正常化以降の日本の対中経済外交において、稲山は重要な役割を果たしていたのである。本章では、稲山の日中経済協会会長在任中、対中経済外交において「稲山路線」が実際にいかなる政策を推進したかを説明し、「稲山路線」の展開を分析する。これによって、一九七八年に成立した日中長期貿易取決めの意義を明らかにしたい。

第一節　製鉄プラントの対中輸出

日中経済協会会長に就任して以降、稲山嘉寛が力を入れたのは製鉄プラントの対中輸出である。一九七一年に鉄鋼の第一次対米輸出自主規制が終了した後も、稲山はこれに引き続き、二度目の対米輸出自主規制を鉄鋼業界に行わせた。稲山の指導のもと、一九七二年、鉄鋼業界は第二次対米輸出自主規制を行った。一九七四年末までの三年間で、年間伸び率二・五％の自主規制であった。これは第一次輸出自主規制よりも厳しい条件であった(1)。そこで、日本の鉄鋼業の将来に関わり稲山が重点を置いていたのは、発展途上国の鉄鋼業開発への協力であった。一九七二年一月号の『経団連月報』に掲載された文章において、稲山は次のように主張している。

「一九七〇年で概算五五億トンの鉄鋼が世界に蓄積されているが、その八〇％は日、米、ソ、欧州共同体に蓄積され、世界人口で四分の一、面積で約二〇％の国々に偏在していることになる。この意味で開発途上国の鉄鋼使用はまた緒についたばかりであり、安価良質の鉄鋼の供給とともに、自らの進んだ技術をこれら開発途上国の鉄鋼業開発のために供与してゆく責任を持つべきであろう。同時に先発製鉄国相互においても従来のように鉄鋼業の一国経済に占める重要性を強調するに止まらず、互いの鉄鋼業発展のための調和ある接点を求める努力が一層、今後も必要になるであろう。この意味から現在行われている対米鉄鋼輸出自主規制、また行われんとしている対欧自主規制もその精神はまことに貴重なものといえよう。今後我が国鉄鋼業は欧米先発製鉄国とともに協調の精神を維持しつつ共通の発展の方策を選択し、同時に開発途上国への経済協力を通じての重要な責務を果たすことが求められよう(2)。」

このように、稲山はアメリカなど先進国との協調の観点から対米輸出自主規制の必要を唱えたと同時に、発展途上国の鉄鋼業開発への協力を日本鉄鋼業の今後の重要な課題としていた。稲山は、欧米市場を中心に鋼材の輸出を拡大してきた従来日本鉄鋼業の輸出のあり方を、発展途上国への技術供与を通じてより高度なものに転換しようとした。つまり、製鉄プラントの輸出に重点が置かれるようになったのである。そして、日中経済協会会長に就任して以降、稲山は製鉄プラントの対中輸出を積極的に進めた。

製鉄プラントの対中輸出に関して稲山の積極的な態度をよく示した一例は、中国の武漢に建設する製鉄プラントについて受注の姿勢を堅持したことである。中国は一九七一年から一九七五年までを期間とする第四次五カ年経済計画において、鉄鋼生産力の拡大を最大の重点とした。一九七一年一二月、中国は日本に対して製鉄に関する技術交流を正式に要請した。翌一九七二年八月二二日、中国・アジア貿易構造研究センターは、稲山を団長とする日本経済人訪中団を中国に派遣した。日本経済人訪中団訪中前日の八月二一日、中国国務院は武漢鋼鉄公司(武漢製鉄所)に日本、ドイツから圧延機械を導入する計画を批准していた。[3] 訪中団に対して、中国側は製鉄所建設への協力を要請し、稲山は技術協力と中国製鉄技術視察団の訪日を承諾した。同年九月二九日の日中の国交回復に伴い、中国側は新日鉄と川崎製鉄それぞれに対し建設プロジェクト全体の引き合いを正式に行った。その結果、新日鉄が熱間圧延設備を、川崎製鉄が冷延設備をそれぞれ受注することになった。一九七二年一一月から一九七三年二月にかけ、中国冶金技術考察組(調査部門)が来日して、両社および関連産業各社の見学を行った。そして一九七三年八月に日中間で大方の合意に達した。[4]

しかし、その後石油危機が起きて物価が高騰したため、採算が合わなくなり、川崎製鉄は受注を辞退した。これに対して、新日鉄は稲山が受注の姿勢を堅持したことで一九七四年六月に中国側と熱間圧延プラントの契約に正式に調印した。これがいわゆる武漢製鉄所建設のプロジェクトである。このプロジェクトを実行するため、新日鉄は一九七四年一月、エンジニアリング事業本部に中国協力部を新設した。[5] そして、数十億円の採算割れになったにもかかわらず、圧延機械を契約価格で中国側に引き渡した。(6) 武漢製鉄所建設プロジェクトにおける稲山の思考について、当時中国協力部長だった水田は次のように述べている。

「目先三十億の赤字ですが、将来、操業指導料やノウハウの供与で、黒字になる見通しは立っているのです。稲山会長は、思考回路が普通の人より大きいので、先の先を見て商売をする人です。(7)」

このように、将来の技術供与による利益を見込んで、稲山は製鉄プラントの対中輸出を積極的に推し進めていた。実際の交渉過程において、中国側が、日本のプラント輸出の競争力が国内の狂乱物価で低下しているのだから、新日鉄がヨーロッパより調達して中国へ提供してくれないかという意向を示した。これに対して、新日鉄は固く断った。そして日本の製鉄技術の良さを理解してもらうよう中国側を説得した。(8) 稲山は、製鉄プラントの対中輸出に重点を置き、将来日本における鉄鋼業の技術輸出の拡大を図ったのである。そして対中プラント輸出のため、稲山ら財界首脳は中国原油の輸入を進めた。

中国原油の輸入の経緯について土光敏夫経団連会長は次のように説明している。

「一番初めに行ったころは、こっち(日本)が買う物がないんですよよ。向こう(中国)はプラントが要る、いろいろなものが必要なんだけれども、向こうは借金しない主義だから、貿易がアンバランスになるから買えないと言うんだ。それでは困るでしょう、バランスさせなければいかんでしょう、と問いかける、そうだ、お互いにバランスしなければいかんと。それでは何を買うかという問題は、一体売るものがありますか、ということなんですね。結局、天然資源しかない。石炭にせよ石油にせよ……今後いろいろなものが出てくるでしょうけれどもね。さしあたり、向こうさんとしては、油をまず輸出しなければならん。(9)」

土光が説明したように、当時中国は借金しないことを原則としていた。貿易が不均衡になると輸入はしないという考え方であった。中国は日本からプラントを輸入したいのに、日本側は中国から買うものがなかった。日本が中国原油を輸入したのは、貿易均衡を図るには、それしか方法がなかったためである。言い換えれば、中国原油の輸入は、対中プラント輸出の鍵であった。

中国原油の輸入について、当初通産省は開発輸入を進めようとしていた。開発輸入とは、先進国が発展途上国に対し、資本や技術を提供して、工業資源や農水産業資源を開発したり、製品化して輸入する方式である。開発輸入の効果としては、一般に先進国の資源の安定供給源の確保、発展途上国との片貿易の是正などが挙げられている。また、資本輸出を伴う開発輸入は、外貨準備を減らすため円高危機の回避にも繋がるので、当時これに対する要求は高まる傾向にあった。(10)日中国交正常化に向けて、通産省は早くも一九七二年八月に中国と石油共同開発の準備に入った。(11)そして、既述したように、中曽根康弘通産相は稲山を通じて中国の意向を打診した。中国・アジア貿易構造研究センターを中心に、一九七二年八月二二日、稲山は日本経済人訪中団を率いて中国を訪問した。

中国側との会談において、訪中団に参加した出光興産の社長出光計助(12)は石油の共同開発、石油の対日輸出について周恩来総理に直接意見を聞いた。出光と周の対話内容を稲山は次のように記述している。

「出光さんが海底油田開発の重要性を説きその探査、掘削等に用いる日本製の機械や船の購入をすすめたところ、周首相は大いに興味を示した。そこで中国が開発を行うなら日本も協力する、その結果一億トンばかり日本に頂きたいと申し入れたところ、日本の人口は一億である、中国の人口は七億であるから石油は八億トン採掘しなければならない、と笑いながら返事していた。また当面は石油製品のバーター、具体的には低硫黄重油を日本に輸出し、日本からは中国側の需要が大きいガソリン、軽油、灯油を輸入することを前向きに検討する、と約束があった[13]が、中国産原油の大量輸入には、当分大きな期待は持てないだろう。」

このように石油共同開発問題について訪中団の打診に対し周は直接回答しなかった。結局、一九七三年一月に中曽根・稲山訪中団が訪中した時、周は中曽根通産相との会談において、「外国からの掘削技術などの交流は担当の計画委員会に検討させるが、合弁や共同開発はやらない」と述べ、石油共同開発の可能性を明確に否定した[14]。一方、日本経済人訪中団の訪中後、中国は商品輸出の形態での原油の対日輸出に積極的だった。中国側の要請に応じて一九七二年一〇月に、日本国際貿易促進協会関西本部専務理事木村一三が訪中した際、周は原油の対日輸出の意向を示した[15]。また、一九七三年一月には、石油化学製品の輸出入を行う中国化工進出口総公司が日本の財界の有力者に対し、中国産原油を国際価格で二〇万トン日本に輸出することを申し入れてきた。中国国家計画委員会は一九七三年一月に周の指示に基づき、総額四三億ドルのプラント設備の輸入計画(いわゆる四三方案)を立てた[16]。中国が原油の対日輸出に踏み切ったのは四三方案の実行に必要な外貨を調達するためだったと考えられる。

中国側の要請に応じて、富永武彦出光興産常務を団長とする民族系石油会社四社の代表で構成された交渉団が北京に派遣された。[17] これによって具体的な取引の交渉が始まった。しかし、価格について双方の意見がかなり食い違ったため、交渉は中断した。

その際、稲山ら財界首脳は新しい石油会社を設立し、中国原油の輸入を実現させた。一九七三年三月八日、新日鉄名誉会長永野重雄、日本興業銀行相談役中山素平、東京電力会長木川田一隆、関西電力会長芦原義重、住友金属工業社長日向方齊ら東西財界の首脳を発起人に、日立造船会長兼日本国際貿易促進協会関西本部会長の松原与三松を社長に、新会社「国際石油株式会社」が設立された。稲山は同会社の取締役の一員であった（一九七五年六月以降は代表取締役社長）。この会社のもとに、出光興産、共同石油、大協石油、丸善石油の民族系石油会社四社、北海道電力、東北電力、北陸電力、東京電力、中部電力、関西電力、中国電力、四国電力、九州電力の電力会社九社、そして新日鉄、住友金属、川崎製鉄、神戸製鋼、日新製鋼、日本鋼管の鉄鋼大手六手がそれぞれグループを結成し、中国から輸入する原油の数量を決めた。国際石油は前記各会社の株主から委託された輸入数量をベースとして、日本国際貿易促進協会関西本部を通じて、中国化工進出口総公司との間で取引契約を結ぶことになった。[18] 一九七三年四月一〇日、国際石油と中国化工進出口総公司との間で、中国原油輸入契約が初めて締結され、[19] 五月二一日、中国の大慶原油が国際石油を通じて出光興産の姫路製油所へ輸入された。[20] こうして、日中国交正常化の翌年から中国は日本に原油を輸出するようになった。中国原油を土台に日中貿易を拡大させていく可能性が開かれたのである。

そして、一九七四年以降、稲山は日本のプラント対中輸出と中国原油の対日輸出を中心に長期の貿易取決めの締結を推進した。その推進過程の詳細は次節において説明する。

第二節　日中長期貿易取決めの推進

一九七四年六月三日、武漢製鉄所の鉄鋼プラントの輸出契約調印のため、稲山嘉寛新日鉄会長は、団長として「鉄鋼圧延プラント調印団」を率いて中国を訪問した。この訪問において、稲山は日本から五年後に石油五〇〇〇万トン、石炭五〇〇〇万トンを輸入し、日本から設備、資材を輸出するという構想を中国側に打診した。[21]そして、翌年一月の日中経済協会訪中代表団の訪中において、石油の長期安定的な取引の必要性について中国側と合意に達した。稲山は長期取引の時期が到来したことを確信した。[22]これにより一九七五年以降、稲山はプラント輸出と石油輸入を中心とした長期貿易取決めの締結を重点に置き、対中経済外交を展開した。その結果、一九七八年二月に日中長期貿易取決めが調印されたのである。

日中長期貿易取決め(以下、取決めと略記)の締結をめぐる対中交渉経過は、李恩民の研究によってかなり整理されている。とりわけ、中国側と取決めの締結に合意に至った過程において三度の経団連訪中団の派遣が重要な役割を果たしたことが明らかにされた。[23]本節では、視点を変えて、取決めをめぐる日本国内の合意形成のプロセスに注目し、「稲山路線」の政策決定の枠組みを明らかにする。これによって、従来の民間経済外交論を再検討したい。

取決めに関する日本国内の合意形成における最大の問題点は、中国原油の輸入拡大であった。前述したように、中国はプラント輸入に必要な外貨を調達するため、石油の対日輸出を積極的に進めた。中国はその石油資源の存在を外にアピールした。中国出身でシカゴ大学歴史学科教授の何炳棣は一九七四年夏に中国を訪問し、その後、一九七五年二月号の香港の『七十年代』誌に「中国は石油資源の最も豊富な国」という文章を寄稿した。何はこの文章の「まえがき」において、三六日にわたる「祖国」訪問の旅において、一つの重要な情報を獲得したとして、次のように述べている。

「今回の訪問の主要な収穫の一つは、北京の権威筋から祖国の関係資源について重要なニュースを得たことである。すなわち、祖国が現在すでに発見し、かつしばしば詳細に調査推定した石油の埋蔵総量（黄海と東海の大陸ダナの海底はまだ資源調査を行っておらず、おそらくきわめて豊富な石油資源があるとみられるが、これは含まれていない）は、全中東各国で調査判明している石油総量を確定的に越えている。このニュースの重要性については世界の有識者が理解し得るところである。[24]」（傍線邱）

何が述べているように、彼の情報源は正体不明の「北京の権威筋」であり、中国共産党の要員や中国政府の要人、ないしその周辺の人物と考えられる。中国はこのようにして、外来者を媒介に何らかのメッセージを発することがしばしばある。何の文章からは、この時期の中国政府が石油資源の情報を意図的に外に漏らして、中国石油資源の存在をアピールしようとしたことが窺われる。

何の文章では、「〔中国の〕渤海湾が第二のペルシア湾になる可能性が十分にある」と述べられており、そこが大いに注目された。この文章は石油資源についての有益な情報として日本にも伝わり、『日中経済協会会報』の一九七五年四月号と五月号に掲載された。そして一九七〇年代後半以降、中国石油資源に対する楽観的な予測を行う際に、その根拠としてたびたび引用された[25]。また、アメリカの外交季刊誌『フォーリン・ポリシー』の一九七五年秋季号は「次の石油大国——中国」と題する特集を行った。このようにこの年、中国がどの程度の石油資源を有しているのか、また石油資源を持つ中国が世界にいかなる影響を与えようとしているのかといった形で、中国の石油戦略をめぐる議論が活発化した。そしてこれらの議論に伴い、中国は石油資源大国であると国際的に認識されるようになったのである。こうして、中国が日本に輸出するだけの十分な石油資源を持つという取決め交渉の前提条件が整った。同年一一月、中国の対日貿易の責任者である劉希文は、稲山に対して鉄鋼と石油とのバーター貿易を提案した。しかし、稲山は日本の石油輸入は別の問題として処理することを主張して、これを明白に断った[26]。

鉄鋼と石油とのバーター貿易の劉希文の提案を稲山が断ったのには、鉄鋼業界だけでは中国原油の輸入拡大ができない原因があった。稲山がリーダーだった鉄鋼業界は、石油危機の後、石油から割安の石炭にエネルギー源を転換する戦略を展開していた。そのために溶鉱炉への重油吹き込みをやめるなど、全面的なオイルレス化を進めていた[27]。鉄鋼業界は中国原油を多く受け入れることができなかったのである。中国原油の輸入拡大は、鉄鋼業界のほか石油、電力などエネルギー業界の協力が必要とされていた。

しかし、序章において指摘したように、石油業界、電力業界は中国原油の輸入拡大に否定的な立場を取っていた。中国原油は重質油であり、分解して使えるようにするにはコストがかかった[28]。また、石油危機以降国内不況が深刻化していたことから見ても、中国原油の輸入拡大は困難であった。実際、日本経済の不況に伴う大慶原油に対する電力需要などの落ち込みから、一九七六年、中国原油の輸入は前年の九二〇万七〇〇〇トンから七〇二万一〇〇〇トンに減少した(表4-1を参照)。

『日中経済協会会報』の一九七七年六月号に掲載された「日中貿易と長期協定」と題する座談会において、稲山は次のように述べている。

「石油が一番難しい問題です。石炭は鉄屋だけが買って使うんですから、別に補助をもらわなくてもいい問題だと思う。だが石油の方はそうはいかない。ですから、エネルギー政策を決めて、日本の需要はどのくらいあるのか、そのなかで油にどのくらい期待するのか、それも中近東の油だけに頼らないで多元化する必要があるのかどうか、多元化するとすれば中国から取るのか、あるいはアラスカから取るのか、という問題にも触れていかなければならない。そういう場合の中国原油の位置付けは、今、日本では、エネルギー庁を中心に見直しをやっています。だからその方々の決めたものの範囲における中国の油ということになります。というところが現実に中国に期待するのは取れるか、取れないのかということ。これは油屋さんが、自由主義経済だから、油屋さんを含めて、官庁も含めて、その皆さんで相談をしていく場をつくらなければいけないわけです。これからそれを作っていくということです[29]。」

表4-1 中国原油の輸入量 1973-1978年 (単位：kl)

	輸入量
1973年	1,456,000
1974年	4,567,000
1975年	9,207,000
1976年	7,021,000
1977年	7,853,000
1978年	8,506,000

出所 石油連盟『石油資料月報』,『日中経済交流1979年』(日中経済協会，1980年)146頁より引用。

このように、中国原油の受け入れは取決めをめぐる国内の合意形成の最大の難題であった。中国原油の受け入れは官庁主導のエネルギー政策に左右される一方、実際の取引では民間の石油業者の協力が必要であった。この難題を解決するには、官民協調体制が必要であり、稲山はそのための制度形成に積極的に取り組むことになる。

一九七五年四月、稲山を会長とする官民合同の「中国原油輸入懇話会」が発足した。同懇談会には出光計助出光興産会長、岡田一幸日本石油常務、小出栄一共同石油社長、宮森和夫丸善石油社長、南部政二東亜燃料工業社長、永山時雄昭和石油社長、水野久男東京電力社長、そして資源エネルギー庁の熊谷善二次長等が参加した。[30]同会は専門委員会を設けて、中国原油の長期、大量輸入にからむ技術・経済性に関する報告をまとめ、これに基づいて協議が進められた。[31]同会での協議を経て、一九七六年一月に日本側の中国石油輸入長期協定案が作成され、稲山から中国側に正式な提案が行われた。[32]

また、稲山は日中経済協会と経団連との連携体制を作り出すことによって、取決めを鉄鋼、石油、電力など個別業界だけの問題ではなく、産業界全体の一大事業に変身させた。前述したように、官民協調の日中経済協会の設立に対して、植村経団連は必ずしも賛成ではなかった。一九七三年一月の稲山・中曽根訪中団とは別に、同年九月、経団連は独自の訪中団を派遣した。経団連副会長だった稲山はこれに同行しなかった。稲山は同行しなかった理由を一九七五年になって、国際鉄鋼協会のメキシコ総会があったためとわざわざ説明し、対中経済外交の展開について日中経済協会と経団連が一体となって活動することの重要性を強調した。日中経済協会と経団連との連携関係について稲山は次のように述べている。

「私は、中国との貿易については、政府も民間も全部やはり考え方は一つにすることが望ましいので、そういう趣旨で日中経済協会というものを作ったわけですが、その運用は、どうしても日本の官民全部の支援がないと一致した活動ができない。そこが日中貿易についても一番大事なところだと思う。そういう意味合いから、日中経済協会という中国だけの問題を取り扱うものと、それから経済団体として、経済界全体の問題を扱う組織とを考えてみますと、やはり経済界全体の統一という意味から、経済団体連合会が中心になってやるべきだと思う。そこで、中国の問題を取り扱う日中経済協会は、その経団連の中の、しかも一つの外部団体というような考え方で運用していくのが一番うまくいく方法じゃないかと、かねがね考えていたわけで、そこで日中経済協会にほとんどの財界の方に入っていただいた。と同時に、日中経済協会も経団連の一つの、中の動きだという考え方で運用していったほうがいいと思っております。」[33]

このように、稲山は対中貿易を推進する際には、官民一体の必要性を強調していた。また、経団連が中心になるべきであり、日中経済協会は経団連の外部団体として活動することが望ましいと主張している。稲山は産業界の合意なしには取決めの締結は困難だと判断し、土光敏夫経団連会長に訪中を積極的に勧めた。また、中国に対しても土光経団連の訪中を受け入れるように働きかけた。[34]こうした稲山の工作が効を奏して、一九七五年一〇月、土光を団長とする第二次経団連訪中団の派遣が実現した。稲山は同訪中団に団員として参加すると同時に、同訪中団に同行した国際石油友好訪中団の団長として、日本の石油会社のトップを中国側に引き合わせた。これをきっかけに経団連と日中経済協会との連携体制が形成され、日中経済協会が推進してきた取決めの構想を土光経団連は全面的に支援することとなった。その後、一九七七年三月末から四月にかけて土光経団連会長を団長とし、経団連の副会長六名全員が参加する強力な経団連訪中団が派遣され、取決めの締結について中国側と合意した。

このようにして、取決めの早期実現が経済界の共通課題となった。一九七七年九月一四日、これまで中国の原油を輸入することに消極的だった電力業界であったが、九つの電力会社は社長会で、中国原油の引き取り量を増やしていく方針を決定した[35]。そして、一九七七年一〇月一四日、日中長期貿易取決め推進委員会が正式に発足した。設立総会には財界人約六〇名が出席し、橋本利一資源エネルギー庁長官をはじめ通産、外務両省から役員が参加した[36]。

日中長期貿易取決め推進委員会の設立趣意書によれば、同推進委員会は日中長期貿易取決めの締結を推進することを目的とし、取決めに関係ある経済界の協議の場である[37]。こうした目的を達成するため、同推進委員会は以下の事業を行うとされる。第一に取決めに関係ある各業界の合意と協力を推進すること、第二に取決めの締結の推進に必要な提言を行うこと、第三に日中両国政府等との連絡協調をはかること、第四にその他本委員会の目的達成に必要な諸事業を行うことである[38]。

また、同推進委員会は取決めに関係する企業の代表者により組織されることになり、これらの企業の代表者および同委員会が委嘱した学識経験者が同会の委員となった。日中長期貿易取決め推進委員会規約によれば、委員のうち一名を委員長、若干名を副委員長および監察委員とし、委員の互選によりこれを定める。また、委員会は顧問を若干名置くことができる。顧問は、委員会の議を経て、委員長がこれを委嘱する。委員会のなかには総合部会、石油部会、原料炭部会、一般炭部会、輸出部会、金融決済部会が設けられ、部会長は委員長が委員のうちからこれを委嘱するとされた。そして、委員会の事務局は日中経済協会と経団連とする[39]。

実際、日中長期貿易取決め推進委員会委員長には稲山が、顧問には土光敏夫経団連会長と日本国際貿易促進協会の藤山愛一郎会長が就任した。また、総合部会長に稲山、石油部会長に平岩外四電気事業連合会会長、原料炭部会長に斎藤英四郎新日鉄社長、一般炭部会長に両角良彦電源開発総裁、輸出部会長に守屋学治三菱重工会長、金融決済部会長に柏木雄介東京銀行頭取がそれぞれ就任した。各部会の委員は関連する業界団体の代表者、有力企業、政府出資の関連組織の代表者によって構成されていた。たとえば、石油部会には、石油部会長の平岩外四のほか、副部長に石田正実石油連盟会長、向坂正男日本エネルギー経済研究所理事長、委員に稲山、出光計助出光興産取締役相談役、岡田一幸日本石油副社長、木村一三国際石油副社長、倉八正石油開発公団総裁、小出栄一共同石油社長、小林庄一郎関西電力社長、中山素平エネルギー総合推進委員会委員長、長谷川隆太郎日本中国石油輸入協議会会長、松根宗一経団連エネルギー対策委員会委員長が就任した。(40)

このように、取決めの締結を推進するために、稲山は業界横断の協調体制を構築した。平岩外四は、取決めにおける中国原油の引取り量の合意過程において「石油、電力、鉄鋼という油を使うところが共同して、お互いに実情をさらけ出して積み上げをやったことはいままでになかった、そういう意味で非常に意義がある」と述べている。(41) 取決め締結の合意過程において、日本産業界として業界横断の協調体制が初めて現れたのである。

一方、一九七七年一一月、取決め締結の実現に向けて、土光敏夫は河本敏夫通産相と懇談した。この際、土光は中国原油輸入計画を国家的な計画として取り上げるべきであり、中国原油などを処理するのに必要な重質油分解装置に対し、国が助成する方針を早急に打ち出すよう申し入れた。(42) この要請を受けて、通産省は中国原油の輸入拡大のための重質油分解設備の導入をナショナル・プロジェクトとして取り組むことを決定した。取決めの成立とともに、一九七八年三月三〇日、河本通産相の主宰で「重質油対策懇談会」が設置され、土光、稲山、平岩外四、石田正実、野口照雄石油連盟技術委員会委員長、円城寺次郎石油審議会会長、徳永久次石油公団総裁がメンバーとして参加した。(43)

以上、日中長期貿易取決めの締結をめぐる日本国内の合意形成のプロセスに示されているように、「稲山路線」は官民一体の必要を強調したうえ、業界、財界、通産省三者の協調による政策決定の枠組みだった。

第三節　秩序ある市場の形成

さて、日中長期貿易取決めの成立は、「稲山路線」にとっていかなる重要な意味を持っていたのか。本節では、日中長期貿易取決め成立の意義について再検討したい。

一九七八年二月に成立した日中長期貿易取決めの主な内容は次の通りである。①一九七八年から一九八五年までの八年間における日中双方の輸出総金額は、それぞれ一〇〇億米ドル前後とする。②最初の五年間（一九七八―八二年）に日本側から中国側に輸出する技術およびプラントは約七〇億ないし八〇億米ドル、建設用資材・機材は約二〇億ないし三〇億米ドルとする。同期間に中国側から日本に原油計四七一〇万トン、原料炭計五一五―五四五万トン、一般炭三三〇―三九〇万トンを輸出する。③取決めの最後の三年間に、中国側から日本側に輸出する原油および石炭の数量は、第五年度の数量を基礎にして、逐年増加するものとする。④日本側から中国側への技術およびプラント並びに建設用資材・機材の輸出は原則として延べ払い方式で行われる。また、取決めを実行し、日中両国の経済交流を拡大するため、必要な科学技術分野において技術協力を行うことに双方が合意する。⑤双方が協議し、同意のうえ、取決めの有効期間を修正することができる。(44)

以上の内容から、取決めの特徴を次のように整理することができる。まず、この取決めは単年度ではなく、長期間で日中貿易の均衡を取る構想である。第二に、この取決めは日本側の技術・プラント・建設用資材の対中輸出と、中国側の原油・石炭の対日輸出を規定する、いわば一種のバーター貿易構想である。第三に、中国側の原油・石炭の対日輸出よりも、日本側の技術・プラント・建設用資材の対中輸出が先行するため、その時間差を埋めるための金融措置として延べ払い方式が採用されている。つまり、この取決めは延べ払い輸出の拡大を図る貿易構想である。第四に、有効期間を修正することができるので、この取決めは長期間にわたって継続することができる。

日中貿易の継続的な拡大均衡、技術・プラント・建設用資材の輸出拡大による輸出構造の高度化、延べ払い輸出の拡大、取決めの成立は当時行き詰まった日本の輸出にとって重要な意味を持っていたのである。

一九七六年以降、日本は国内の長期不況の克服（あるいは低成長経済への移行）という難題を抱えると同時に、欧米との貿易摩擦、円高問題に悩まされていた。よく知られているように、一九七三年の石油危機の衝撃によって、一九七四年以降、日本経済は深刻な長期不況に陥った。これを背景に、一九七六年には欧米先進国との貿易摩擦が再燃したのである。そして貿易摩擦回避のために「秩序ある輸出」の必要性が再度強調されるようになった。一九七六年の『通商白書』は「今日ほど対先進国貿易において、地域的、商品別のきめ細かい輸出活動の展開、すなわち、秩序ある安定的輸出が要請される時期はない」と述べている。[45]一九七六年の日本の貿易収支の黒字は九八億八七〇〇万ドルに達し、一九七五年の五〇億二八〇〇万ドルから大幅に拡大した。これは一九七二年の八九億七一〇〇万ドルを上回る過去最高の黒字であった。また、その大半は欧米先進諸国との貿易によるものであった。とりわけ対米貿易収支の黒字は、一九七〇年の一〇億四五〇〇万ドルから五三億一五〇〇万ドルへ大幅に増加した。[46]そして一九七六年六月にプエルトリコで行われた先進国サミット以降、日本の為替レート政策に対する国際的批判が高まり、一九七六年末に登場した福田内閣は国際収支の黒字是正に追われるようになった。この状況は、「稲山路線」が登場した一九七一、七二年当時日本が置かれていた対外経済関係の状況とよく似ていた。

欧米との貿易摩擦や円高問題は、国内の長期不況を背景とした過剰生産が欧米への輸出に拍車をかけたためであった。したがって貿易摩擦を根本的に解決するには国内不況を早期に克服しなければならず、そのためには景気の振興が必要であった。一九七七年三月の福田・カーター日米首脳会談、五月のロンドン・サミットなどで福田首相は六・七%の実質経済成長率を達成することを国際的に公約した。また、一九七八年度の経済成長率を七%とする目標を掲げていた。[47] 技術・プラント・建設用資材の対中輸出に繋がる取決めの締結は、この文脈において重大な意味を持っていたのである。

取決めの調印に立ち会った通産省通商政策局長の矢野俊比古は、雑誌『世界経済評論』の一九七八年五月号に発表した文章「日中長期貿易取決めの意義と問題点」において、取決め締結の意義について、日中経済交流の緊密化、資源確保、プラント輸出の三点を指摘した。矢野は、中国をプラント輸出市場の一つとして確保することの意義を次のように語っている。

「河本大臣は、中国に対して非常に失礼になるから、こういうことといってはいかんといっておられますが、しかし、当面、こういった不況で日本の経済環境が悪いのですそ野の広いプラント輸出の市場がある程度確保されていくことは企業経済に明るさをもたらすことになると思います。特にご承知のように、アメリカやECなど輸出環境が非常に厳しくなっているときだけに大きな意味をもっています。[48]」

このように、河本敏夫通産相をはじめ通産省は、取決めの締結によってプラント輸出市場が確保され、国内景気の振興に繋がるという点を強調した。河本は三木内閣の通産相時代から石油危機以来の日本の不況を脱却するための対策として「中国市場を活用すべきだ」と主張していた[49]。河本は一九七五年一一月には中国を訪問し、取決めの構想について中国側と意見交換を行っていた[50]。

また、ここで注意しなければならないのは、取決めは福田内閣の円高回避策とも繋がっていたことである。一九七七年六月にパリでＯＥＣＤ閣僚理事会が開催され、日本の貿易黒字の急増を背景に日本への名指しの非難が行われた。これに衝撃を受けた福田内閣は、その直後から外貨・黒字減らし政策を展開した。一九七七年一一月に行われた国会の円高問題集中審議において、日本の国際収支のあり方について福田赳夫首相は経常収支の黒字を維持する必要があると述べ、国際収支は経常収支ではなく、基礎収支でバランスをとるという基本方針を示唆した[51]。つまり、長期資本収支の赤字拡大に資する政策を採用することによって外貨を減らし、国際収支を均衡させようとしたのである。対外直接投資、経済協力、証券投資、延払信用供与等が具体的な手段であった。前述したように、取決めは延べ払い輸出の拡大を図る貿易構想である。延べ払い輸出では輸出入銀行の輸出金融による信用供与が行われるため、資本の海外流出に繋がる。それだけではなく、取決めを実行するため中国は日本に輸出するための原油、石炭の開発を進めなければならない。この際、原油、石炭の開発輸入に対する金融協力を展開することによって、外貨を減らすこともできる。実際、中国からの原油・石炭の開発輸入に対する金融協力方式として、中国銀行に対する外貨預託方式案も検討された[52]。

当時の通産事務次官の和田敏信は、取決め締結の背景を次のように述べている。

「明治維新から百年以上がたった。富国強兵と殖産興業による日本の近代化は、……産業面に関する限り、戦後三〇年で達成された。その結果、円の対ドル為替相場は、フロート・アップする一方であるにもかかわらず、輸出はなかなか減らない。日本製品への需要があるからといって、これ以上欧米市場に輸出を増やすことは、相手国の雇用事情などを悪化させ、外交・政治関係の悪化に結びつく。欧米向け輸出は、すでに天井に達した。にもかかわらず、いまの日本経済は大幅な需給ギャップをかかえ、企業は供給の能力過剰を解決できないでいる。このため、国内生産活動は停滞、それが設備不振を呼び、輸入は増大せず、黒字がふえ、円相場はますます切り上って、国内不況に追い打ちをかけている。こんなさなか、日中長期貿易協定が結ばれた。日本のこれからの経済政策は、中国と東南アジア諸国を重視するものに替えていかなくてはならない。明治以来の〝脱亜入欧〟を卒業、改めて〝脱欧入亜〟の時代に入っていかざるをえないのだ。欧米向け輸出の今後は現状以下とし、中国と東南アジアの経済建設に力を貸すことによって、日本も生きていくのである。これからは〝アジアの時代〟がやってくる。」(53)

このように、取決めが締結された当時、日本は欧米との貿易摩擦問題、また国内不況と円高との悪循環に悩まされていた。そして、この状況を打開するには欧米向けの輸出を抑え、中国と東南アジア諸国重視の新しい経済政策を展開する必要があった。通産官僚は取決めの締結をこの新しい経済政策展開の重要な契機と認識していたのである。

取決めが締結して間もなくの一九七八年四月六日、稲山は日中友好協会(正統)中央本部において「日中貿易の展望」と題する講演を行った。その際、稲山は「日本の不況をどうやって回復するかが大きな課題となっている時に、この話(取決め)がうまくまとまれば景気振興に大いに役立つということで土光(敏夫)さんも熱心にこの問題と取り組まれてきたわけです」と述べた。経団連が取決めに取り組むようになったのは、取決めが国内景気の振興に繋がると考えたからであると、稲山は説明したのである。[54] 序章の先行研究の検討においてすでに指摘したように、稲山自身も同講演において日本国内の景気浮揚の側面から取決めの意義を説明した。また、これ以前から、取決めについて語る際、稲山は取決めは国内の景気振興に非常に役立つと度々強調していた。たとえば、一九七六年一月号の『日中経済協会会報』に掲載された「日中経済関係の将来」と題する座談会の記録において、稲山は取決めは「日本がいま直面している問題、つまり景気振興ということにも非常に役立つ」と述べている。[55]

取決めの成立は当時低迷していた鉄鋼業の振興にとって特に重要であった。日本の鉄鋼業は、一九七四年後半以降、需要が伸び悩み、大幅生産減となった。また、一九七六年九月から一九七七年六月にかけて鉄鋼各社の新高炉が相次いで完成し、粗鋼の生産力は一億四〇〇〇万トンに達した。しかし、需要はせいぜい一億程度であり、三割の過剰設備を抱えることとなった。しかも、自動車等の需要業界の抵抗で値上げ幅も圧縮されて、鉄鋼業は苦しい状況にあった。[56]

一方、円安傾向を背景として、内需の沈滞をカバーするために、日本の鉄鋼業者は一九七六年には積極的に輸出に取り組んだ。[57] その結果、対米輸出量も七五年の五七二万トンから七六年には七四四万トン、七七年には七六〇万トンへと上昇した。[58] 一九七六年後半以降、アメリカにおける鉄鋼輸入制限運動は再度高揚した。対米鉄鋼摩擦回避のため、対米輸出を減らさなければならない状況であった。

このような状況にあって、取決めが成立した。取決めに基づく第一号のプロジェクトは上海市郊外宝山に年産六〇〇万トン規模の臨海一貫製鉄所を建設する計画であった。この建設に関するすべての設備、技術の提供を中国は稲山が会長を務めた新日鉄に任せた。これは、低迷していた日本鉄鋼業に多大な刺激を与えるものだったのである。

上海宝山製鉄所建設案は、一九七七年一一月に稲山を団長とする取決め推進委員会訪中団が中国を訪問した際に、中国側から訪中団に持ち出された。しかし、実際には、この建設案は一九七二年一一月に稲山が日中経済協会会長に就任して以降、訪中の度に稲山から中国側に勧められてきたものであった。[59] 取決め締結直後の一九七八年四月一九日、新日鉄と技術輸入を総覧する中国技術進口総公司との間で「上海宝山製鉄所建設に関する議定書」の仮調印が行われた。取決めの締結は、上海宝山製鉄所建設を推進するための土台作りの意味を持っていた。

上海宝山製鉄所建設案は三つの側面において、日本の鉄鋼産業に重要な影響を与えた。第一に、この建設案を機に鉄鋼業界は大量生産体制から縮小生産体制に切り替えて、量的拡大から質的輸出の構造転換を展開し、安定成長を求める時代に入った。上海宝山製鉄所建設案の始動に合わせて、新日鉄は一九七八年に七割操業で採算が取れるような企業体質へと生産体制の再編を行った。つまり新日鉄は中国の鉄鋼建設に協力するのを機に、これまで抱えていた余剰人員と設備の処理に踏み切ったのである。新日鉄は技術供給志向を固めて、エンジニアリング部門の比重を拡大し、余剰人員を再配置した。業界リーダーの新日鉄と同様の生産体制の縮小は、他の鉄鋼大手も実施した。一九七八年三月には、大手五社の高炉五九基のうち二〇基が休止した。鉄鋼大手各社は甘い期待を捨て、相次いで低成長に合わせた経営戦略に転換した。鉄鋼業界は安定成長の時代に移行した。[60]

第二に、この建設案を機に、日本鉄鋼業の輸出市場として中国の比重が上昇し、米国市場へ集中する輸出構造が改善された。「鉄が鉄を呼ぶ」と言われているように、製鉄所を作ればそれにも鉄がいるし、製鉄所建設への協力は設備、技術だけではなく、鋼材の輸出拡大にも繋がる。実際、取決めの締結とアメリカ政府に合わせたドリカー価格制度の実施を背景に、一九七八年に日本の鉄鋼輸出において対米輸出と対中輸出との差が縮小した。日本の中国向け鉄鋼輸出量は一九七八年には、五六三万トンと過去最高を記録し、対米輸出の六〇五万トンに迫った。一九七七年の中国向け鉄鋼輸出は四五三万トン、アメリカ向け輸出は七六〇万トンであり、その差は縮小していた。ただし中国の経済調整により、宝山製鉄所建設案に関連する契約が一時保留、中止となり、対中輸出の比重は一九七九―一九八二年の間には大幅に下落した。しかし、一九八三年以降、中国はアメリカを超えて日本鉄鋼業の最大の得意先となり、鉄鋼の対米集中輸出が改善された(表4-2を参照)。

表4-2 鉄鋼対米・対中輸出量と構成比 1967-1987年(船積実績)

	アメリカ		中 国	
	数量(1000トン)	構成比(%)	数量(1000トン)	構成比(%)
1967	4349	47.6	610	6.7
1968	6916	52.6	1005	7.6
1969	5651	35.3	1258	7.9
1970	5992	32.9	1569	8.7
1971	6268	25.9	1948	8.1
1972	6258	28.5	1716	7.8
1973	5287	20.7	2660	10.4
1974	6510	19.7	2877	8.7
1975	5724	19.1	2836	9.5
1976	7444	20.1	3518	9.5
1977	7596	21.7	4532	13.0
1978	6053	19.2	5628	17.8
1979	6198	19.7	4467	14.2
1980	5185	17.1	3215	10.6
1981	6168	21.2	2219	7.6
1982	4152	14.1	2930	9.9
1983	4602	14.4	7249	22.6
1984	6418	19.5	8614	26.2
1985	5245	15.7	10934	32.8
1986	3952	13.0	9244	30.5
1987	4342	16.9	5848	22.8

出所 日本鉄鋼連盟『鉄鋼十年史 昭和43年―昭和52年』214-215頁,日本鉄鋼連盟『鉄鋼十年史 昭和53年―昭和62年』140-141頁をもとに邱作成。

第三に、この建設案を機に、鉄鋼業界における稲山また新日鉄のリーダーシップ(指導力)が強化されて、鉄鋼業界の協調体制は一層固められることになった。中国は宝山製鉄所を最短期間で建設する方針から、異例の措置として新日鉄一社に設計から操業指導までを任せた。中国側は新日鉄の推薦メーカーと協力する方針を取っており、受注したい業者はまず新日鉄に打診しなければならなかった。[61] この巨大のプロジェクトの主導権を握ることによって、鉄鋼業界ないし産業界における新日鉄のリーダーシップが強化されたのである。これは鉄鋼業界ないし産業界全体における稲山の指導力の強化をも意味する。これを機に、鉄鋼業界の協調体制が固められて、鉄鋼市況は一九七八年には回復した。鉄鋼の輸出価格は一九七八年の一年間で三〇％も上昇し、値引きしなければ売れなかった国内の大口需要家向けの販売でも「正札価格」が実現したのである。新日鉄の一九七八年度決算は前年度の実質六〇億円の赤字から、一挙に八〇億円近い経常利益を見込むところまで駆け上がった。[62]

一九七九年一月八日、稲山は自らが理事長を務める鋼材倶楽部の賀詞交換会で、次のように挨拶した。

「私はきょうで三二回目の挨拶になります。毎年多少の違いがありますが、協調が大事だと同じことを繰返してきました。日本という国はどうしてこうもわからないのか。いう方が恥ずかしくなるほどですが、三二回目でやっと〔協調が〕実現した。[63]」

このように、日中長期貿易取決めの成立を機に「稲山路線」は業界の協調を実現し、これによって内外の市場秩序を形成・維持していくことに成功した。

（1） 日中鉄鋼輸出組合二〇年史編纂委員会編『日本鉄鋼輸出組合二〇年史』（日本鉄鋼輸出組合、一九七四年）二四七―二五一頁。

（2） 稲山嘉寛「世界のなかでのわが鉄鋼業の動き」（『経団連月報』一九七二年一月号）一二頁。

(3) 中央財経領導小組辦公室編『中国経済発展五十年大事記』(人民出版社、中共中央党校出版社、一九九九年)二五五頁。
(4) 「鉄鋼プラント商談の成立」(『日中経済協会会報』第一三号、一九七四年六月)八—一一頁。
(5) 「新日鉄が中国協力部」『朝日新聞』一九七四年一月一五日。
(6) 名和太郎『評伝稲山嘉寛』(国際商業出版、一九七六年)一一二—一一六頁。
(7) 同右、一一五頁。
(8) 尾越秀夫「鉄鋼圧延プラント商談の交渉過程」(『日中経済協会会報』第一九号、一九七四年一二号)三四頁。
(9) 「座談会 安定と発展への跳躍」(『日中経済協会会報』第五九号、一九七八年五月)九頁。
(10) 日本国際貿易促進協会『中国からの開発輸入をめぐって』(日本国際貿易促進協会、一九七三年)六—七頁。
(11) 「石油共同開発の用意」『日本経済新聞』一九七二年八月六日。
(12) 出光計助は戦前は南満州鉄道の傍系である鞍山製鋼所に所属し、一九四一年「鉄鋼統制会」が発足すると満州を代表して出向し、同会の配給次長を務めていた。その際同会の生産部次長であり、日本製鉄から出向していた稲山と机を並べ、付き合いが始まったのである(出光計助「人生道の達人」(『稲山嘉寛回想録』編集委員会『稲山嘉寛回想録』新日本製鐵株式会社、一九八八年)九八—九九頁)。
(13) 稲山嘉寛「中国を訪問して」(『経団連月報』一九七二年一〇月号)三三頁。
(14) 『朝日新聞』一九七三年一月一九日。
(15) 『二〇年の歩み』(日本国際貿易促進協会関西本部、一九七四年)一五頁。
(16) 前掲『中国経済発展五十年大事記』二五九頁。
(17) 「中国から原油初輸入」『朝日新聞』一九七三年一月一〇日。
(18) 李恩民『転換期の中国・日本と台湾——一九七〇年代中日民間経済外交の経緯』(御茶の水書房、二〇〇一年)一八五頁。
(19) 日中経済協会『日中経済交流の現状と展望』(日中経済協会、一九七四年)二八一頁。
(20) 「原油輸入中国から第一船」『朝日新聞』一九七三年五月二二日。
(21) 日中長期貿易協議委員会『日中長期貿易取決め二〇年』(日中長期貿易協議委員会、一九九六年)二頁。
(22) 稲山嘉寛「五度目の中国訪問」(『経団連月報』一九七五年三月号)二八頁。

(23) 前掲『転換期の中国・日本と台湾――一九七〇年代中日民間経済外交の経緯』一二九―一六〇頁。
(24) 何炳棣「中国は石油資源の最も豊富な国である――七〇年代における中国経済発展の重要な要素」(『日中経済協会会報』第三号、一九七五年四月)四七頁。
(25) たとえば、山内一男『現代中国経済――石油と社会主義建設』(中央公論社、一九七六年)は何の論文を参考にしている(同書七八頁を参照)。
(26) 前掲『評伝稲山嘉寛』一一七頁
(27) 稲山嘉寛『私の鉄鋼昭和史』(東洋経済新報社、一九八六年)二〇二―二〇三頁。
(28) 「中国原油、石油業界にお荷物」『日本経済新聞』一九七八年二月一七日。
(29) 「座談会　日中貿易と長期協定」(『日中経済協会会報』第四八号、一九七七年六月)一二頁。
(30) 「中国原油輸入で懇談会」『朝日新聞』一九七五年四月二日。
(31) 「中国原油の輸入　長期見通し困難」『朝日新聞』一九七五年八月二日。
(32) 前掲「日中長期貿易取決め二〇年」二頁、「五年後に千五百万トン」『朝日新聞』一九七六年一月一三日、「初年度は千万トン以上」『朝日新聞』一九七六年一月二一日。
(33) 「座談会　日中経済関係の将来」(『日中経済協会会報』第三一号、一九七六年一月)五―六頁。
(34) 前田勲『新日鉄・中国建設隊』(こう書房、一九七八年)二二三―二二四頁。
(35) 「中国原油に積極姿勢」『朝日新聞』一九七七年九月一五日。
(36) 「日中長期貿易取決め推進委員会の発足」(『日中経済協会会報』第五四号、一九七七年一二月)三―四頁。
(37) 「日中貿易取決め推進委員会設立趣意書」(同右)五頁。
(38) 「日中長期貿易取決め推進委員会規約」(同右)五頁。
(39) 同右、五―六頁。
(40) 「日中長期貿易取決め推進委員会」(同右)六―七頁。
(41) 「座談会　安定と発展への跳躍」(『日中経済協会会報』第五九号、一九七八年五月)一〇頁。
(42) 「中国原油で通産相に要請」『朝日新聞』一九七七年一二月一日。

(43) 通商産業省資源エネルギー庁「重質油対策懇談会最終とりまとめについて」一九七九年三月二九日提出。
(44) 日中長期貿易取決め書・会談記録(前掲『日中長期貿易取決め二〇年』)一一二—一一四頁。
(45) 『通商白書』一九七六年版総論、二三五頁。
(46) 『通商白書』一九七七年版総論、二〇四—二〇六頁。
(47) 林茂・辻清明編集『日本内閣史録』六(第一法規出版株式会社、一九八一年)四一三—四一四頁。
(48) 矢野俊比谷「日中長期貿易取決めの意義と問題点」(『世界経済評論』第二二巻第五号、一九七八年五月)三六頁。
(49) 小木曾功「通産省——中国市場への危険な賭け」(『文藝春秋』一九七九年一月号)三三五頁。
(50) 河本敏夫「日中長期貿易取決め締結を喜ぶ」(『日中経済協会会報』第五九号、一九七八年五月)二頁。
(51) 通商産業省通商産業政策史編纂委員会編『通商産業政策史』第一二巻(通商産業調査会、一九九三年)一七三—一七四頁。
(52) 日本輸出入銀行編『三十年の歩み』(日本輸出入銀行、一九八三年)三一七頁。
(53) 前掲「通産省——中国市場への危険な賭け」三三五—三三六頁。ちなみに、当時、福田赳夫首相は各省庁の大臣、長官に黒字減らしのアイディアをつのった。和田敏信は「東南アジアからマラリアを追放、絶滅させよう」との計画を提出したが、反対されて実現しなかったと伝えられている。
(54) 稲山嘉寛「日中貿易の展望　中国との協力で平和が実現」(『日本と中国』復刊五一八号、一九七八年四月二五日)。
(55) 「座談会　日中経済関係の将来」(『日中経済協会会報』第三一号、一九七六年一月)八頁。
(56) 日本経済新聞社編『鉄鋼』(日本経済新聞社、一九七九年)一三一—一五頁。
(57) 『日本鉄鋼輸出組合三十年史』(日本鉄鋼輸出組合三十年史編纂委員会、一九八四年)二四五頁。
(58) 同右、二三二頁。
(59) 前掲『新日鉄・中国建設隊』三六頁、二一六頁。
(60) 前掲『鉄鋼』一〇七—一一〇頁。
(61) 前掲『新日鉄・中国建設隊』二一一—二一三頁。
(62) 前掲『鉄鋼』一八一—一八二頁。
(63) 同右、一八一頁。

終　章　「稲山路線」の定着と挫折

一九七九年三月二九日、東京で日中長期貿易取決めが改訂され、その有効期間が一九九〇年まで延長されると同時に、輸出金額も二〇〇億ないし三〇〇億米ドルに拡大された。[1] 同年には取決めに関連するプラント契約発効留保事件が発生し、これがきっかけとなって日本政府は対中円借款供与等の経済協力を展開するようになった。[2] 日中長期貿易取決めの改訂が行われた後、一九七九年四月、稲山嘉寛は日本鉄鋼連盟会長、鋼材倶楽部、日本鉄鋼輸出組合の各理事長職を斎藤英四郎に譲った。そして、一九八〇年五月二三日に稲山は経団連会長に就任した。こうして稲山経団連が誕生し、稲山を財界トップとする時代が幕を開けた。しかし、財界を基盤とする「稲山路線」のさらなる展開は必ずしも順調ではなかった。

一九八〇年代前半において日本の対米貿易黒字は拡大し続けていた。稲山は一九八七年に亡くなる直前まで、日米貿易摩擦の問題を最も憂慮していた。亡くなる三カ月前の一九八七年七月に出版された自著の『わかっちゃくれない』の中で、稲山は次のように述べている。

「今は、貿易摩擦が心配でね。夜眠られない。……生産は過剰で、世界にモノが溢れているんです。少なくとも衣食住の人間の欲望が満たされるだけのモノは十分過ぎるくらいある。それなのに、どんどんモノをつくって、輸出しようとする。今のところ日本の競争力が強いから、黒字は増える一方です。でも相手の事も考えなきゃいけません。このままだと大変な事になる、と思って十年以上も前から、我慢、我慢と言い続けて来たのですが、だれも聞いちゃくれない。それで米国も怒っちゃったんです。半導体の対日報復とか、包括の貿易法案。それに円高も大変です。早く何とかしないといけない。円高では、貿易不均衡の問題は解決できないんです。世界平和をどうやって築くか。そのために日本は何をすべきか。私は日本が米国と共存し、協調することによってのみ、米ソの軍縮交渉を成功に導くことが可能だ、と考えているわけです。そのためには、日本の経営者は米国の産業を破壊するようなことをしてはいけないのです。自由主義経済だからといって身勝手なことをしていたら、世界平和は遠のくばかりです。……平和で世界を築くには、世界の一つ一つの国、人間一人一人がそれぞれ我慢しなくてはいけない。世界総我慢の時代です。(3)」

このように、稲山は最後まで日米貿易摩擦問題を心配し、アメリカと協調して輸出自制を唱えていたのである。稲山が最後の著作の題名を『わかっちゃくれない』にしたように、「稲山路線」は一九八〇年代の前半には多くの支持を得られなくなった。その原因として次の三点を指摘できる。

第一に、日米貿易摩擦への日本国内の危機感が弱まった。本論で明らかにしたように、緊迫化した日米経済関係への強い危機感が「稲山路線」登場の最大の背景であった。それは、貿易摩擦が政治に跳ね返ることによって、日米同盟関係を損なうことへの懸念と、円切り上げによって日本経済が悪化することへの不安である。一九七一年の二つのニクソン・ショックはこの悪夢を現実のものにした。一九七三年の石油危機で日米貿易摩擦は一時的に鎮静化したが、一九七六年以降再燃した。この時、欧米先進諸国は不況とインフレの同時進行に悩まされており、日本への非難は一層厳しさを増した。一方、日本国内では不況が深刻化しており、円高が進むことへの危機感が広がっていた。「稲山路線」は、このことに対する日本国内の強い危機感を背景に対中経済外交の舞台に登場して、成功を収めたのである。しかし、このような危機感は一九八〇年代前半には薄らぐことになる。一九八〇年代前半においても日米貿易摩擦は頻発したが、日米関係を動揺させるほどの緊急のイシューではなくなった。一九八二年一一月に登場した中曽根康弘首相はレーガン米大統領と日米の同盟関係を確認した。中曽根首相とレーガン大統領はファースト・ネームで呼び合う個人的な信頼関係を構築し、日米関係は「ロン＝ヤス」の蜜月時代を迎えた。(4) また、「レーガノミックス」と称されるレーガン政権の一連の経済政策は高金利を引き起こした。これと金融自由化の推進があいまって大量の外国資本がアメリカに流入し、異常なドル高が生み出された。(5) このことによって円高への懸念は消滅した。円高回避のため対米輸出規制を行わなければならないような緊張感がなくなった。

第二に、「低成長」への認識を共有することが困難であった。石油危機を契機にそれまで重化学工業の量的拡大によって果たされてきた日本の高度経済成長は行き詰まり、内需不振と円高危機のジレンマに陥って低成長経済への転換の必要性が政財界において共有された。この共通認識があったからこそ、自主調整論の「稲山路線」は一九七〇年代後半において強く支持され、鉄鋼産業において成功を収めたのであった。しかし、前述したように一九八〇年代前半において円高危機は解消された。輸出を志向して生産拡大の可能性が大いにあった。実際、一九八〇年代前半、電子産業と自動車産業は対米輸出拡大によって成長し続けた。これらの産業には「低成長」に向き合う必然性が欠けていた。

第三に、「稲山路線」を推進する強力な政治基盤が欠如した。「稲山路線」が対中経済外交において大きな成果を見せて、鉄鋼産業の秩序ある市場の形成に成功したのは、鉄鋼業界における稲山嘉寛のリーダーシップの存在が鍵であった。しかし、経団連会長として稲山は産業界を一つにまとめるほどの力は持っていなかった。経団連会長としての無力さを稲山は次のように述べている。

「経団連はもとより政治をやる場ではない。さりとて経済の実務をやる所でもない。また、独占禁止法がある以上、業界の取りまとめをやることもできない。経団連会長を『財界総理』という人もいますが、実は何の権限もないのです。[6]」

以上のように、一九八〇年代前半、財界を基盤にした「稲山路線」のさらなる展開はできなかった。しかし、中曽根内閣の行財政改革政策への協力を通じて一九八〇年代前半「稲山路線」はその影響力を発揮し続けていた。ただし、その解明は本書の域を超えたものであり、今後の課題としたい。

（1） 日中長期貿易協議委員会『日中長期貿易取決め二〇年』（日中長期貿易協議委員会、一九九六年）一一五頁。
（2） 徐承元『日本の経済外交と中国』（慶応義塾大学出版会、二〇〇四年）五八―六〇頁。
（3） 稲山嘉寛『わかっちゃくれない――思いやりと我慢の経済説法』（朝日新聞社、一九八七年）はじめに。

（4）　五百旗頭真編『戦後日本外交史』（有斐閣、一九九九年）一九七―一九八頁。

（5）　井村喜代子『現代日本経済論――敗戦から「経済大国」を経て』（有斐閣、一九九三年）三三二―三三三頁。

（6）　前掲『わかっちゃくれない――思いやりと我慢の経済説法』二四頁。

あとがき

本書は、二〇〇八年に筆者が北海道大学大学院法学研究科に提出した博士論文をもとに加筆修正したものである。また、本書の一部は、すでに発表した以下の論文が基礎となっている。

「日中国交正常化後の日本の対中経済外交（一）：日中長期貿易取決めと稲山嘉寛」（『北大法学論集』第五九巻第六号、二〇〇九年三月）一－五八頁。

「日中国交正常化後の日本の対中経済外交（二）：日中長期貿易取決めと稲山嘉寛」（『北大法学論集』第六一巻第一号、二〇一〇年五月）五三－一〇七頁。

本書を書き終えても、関連する研究課題はなおたくさん残されており、「稲山路線」の全体像の構築にはまだ道半ばであることを強く感じている。あくまでここまでの研究成果であることをまず読者にはご理解頂きたい。

筆者は台湾大学時代から日本に興味を持ち始めた。二〇〇〇年に財団法人交流協会の援助を頂き念願の日本留学の夢を実現し、北海道大学に進学することができた。美しい北大のキャンパスで楽しい留学生活を送った。日本文化、日本社会、日本という国のあり方を身近に体験した。とても刺激だった。外国人として日本で日本研究をすることは言葉をはじめ様々な壁を乗り越えなければならなかった。これらの壁を乗り越えて、研究成果を日本で出版することができた今、筆者の胸は感謝の気持ちでいっぱいである。

まずは、博士論文の作成期間、長くお付き合い下さった中村研一先生(北海道大学大学院公共政策学連携研究部長)と松浦正孝先生(北海道大学大学院公共政策学連携研究部)に御礼申し上げたい。中村先生は、留学生の筆者の日本研究を積極的にサポートし、博士論文の作成期間にたくさんの相談時間を設けて下さった。完成まで博士論文を書き続けることができたのは、先生がお付き合い下さったからである。先生は博士論文の出版を筆者に強く勧め、刊行助成の申請に協力して下さった。本書の出版に当たっては、中村先生に深く感謝を申し上げなければならない。また、松浦先生からは日本政治外交史研究のあり方を多く学ばせて頂いた。それは博士論文の枠組みなど筆者の研究に大きな影響を与えている。また、ご多忙の中、作成中の博士論文の草稿を繰り返し読んで下さり、貴重なコメントを下さったことに大いに感謝している。今後ともご指導、ご教示を頂けるよう宜しく申し上げたい。

また、博士論文の作成中、高原明生先生(東京大学大学院法学政治学研究科)は日中貿易の実務に携わってきた関係者を紹介して下さり、インタビューの遂行に協力して下さった。この場を借りて御礼申し上げたい。なお、北海道大学学術成果刊行助成を申請する際、推薦書を書いて下さった常本照樹先生(北海道大学大学院法学研究科長)と川島真先生(東京大学大学院総合文化研究科)にも感謝の意を申し上げたい。北海道大学大学院法学研究科に留学した時期にお世話になった鈴木賢先生(北海道大学大学院法学研究科)、林成蔚先生(北海道大学大学院公共政策学連携研究部附属公共政策学研究センター)をはじめそのほかの多くの先生方、先輩、後輩、友人に心よりお礼申し上げたい。特に博士論文の日本語チューターを担当して頂いた下村太一氏には大変お世話になった。本書の出版に際して改めて御礼申し上げたい。

なお、本書の出版助成申請は、筆者が台湾の行政院国家科学委員会の研究プロジェクト「中國國際關係／學論爭：知識社群的國家認同抉擇〈1996–2008〉(中国国際関係／学論争：知識共同体の国家アイデンティティの選択(1996–2008))」に博士後研究員として所属した期間中に進められた。本書の刊行に当たって、同研究計画の代表者の張登及先生(台湾大学政治学科)また行政院国家科学委員会の研究支援に感謝の意を申し上げたい。

そして、細かな配慮を頂き本書の刊行作業を完成まで手助けして下さった、北海道大学出版会編集担当の滝口倫子氏に御礼申し上げる。また、本書の刊行に際しては北海道大学より平成二二年度北海道大学学術成果刊行助成を頂いた。記して感謝を申し上げる。

最後に、筆者を明るく育ててくれた、そして筆者の博士論文の完成を見届けることができなかった亡き父に本書を捧げたい。

二〇一〇年初秋　台湾嘉義にて

邱　麗　珍

事項索引

な

は

や

人名索引

ま

や

ら

わ

邱　麗 珍（きゅう　れいちん）

1971年　台湾雲林県に生まれる。
1997年　台湾大学法学院政治学研究所国際関係専攻修士課程修了。
2008年　北海道大学大学院法学研究科博士後期課程修了。博士（法学）。
その後、中正大学戦略暨国際事務研究所博士後研究員、台湾大学政治学科博士後研究員。
専　門　現代日本外交史研究

日本の対中経済外交と稲山嘉寛——日中長期貿易取決めをめぐって

2010年11月25日　第1刷発行

著　者　　邱　麗 珍

発行者　　吉 田 克 己

発行所　北海道大学出版会
札幌市北区北9条西8丁目 北海道大学構内（〒060-0809）
Tel. 011（747）2308・Fax. 011（736）8605・http://www.hup.gr.jp

アイワード／石田製本

ISBN978-4-8329-6739-7